기억 공간을 찾아서

우리가 잊지 않고 꿈꾸는 것에 대하여

기억 공간을 찾아서

우리가 잊지 않고 꿈꾸는 것에 대하여

초판 1쇄 발행 2021년 6월 21일
    2쇄 발행 2021년 12월 17일

지은이 안정희
발행처 이야기나무
발행인 및 편집인 김상아
편집 박선정 윤성혜 장원석
디자인 한하림
홍보/마케팅 이정화 전유진
인쇄 삼보아트
등록번호 제25100-2011-304호
등록일자 2011년 10월 20일
주소 서울시 마포구 연남로13길 1 레이즈빌딩 5층
전화 02-3142-0588
팩스 02-334-1588
이메일 book@bombaram.net
블로그 blog.naver.com/yiyaginamu
인스타그램 @yiyaginamu_
페이스북 www.facebook.com/yiyaginamu

ISBN 979-11-85860-51-0
값 15,000원

기억 공간을 찾아서

우리가 잊지 않고 꿈꾸는 것에 대하여

안정희 지음

이야기
나무

여는 말

간절히 기억하려 하거나
통렬히 잊고자 할 때

사랑하는 사람을 놓친 적이 있다. 수십 년이 흐른 뒤 종로의 어느 서점에서 그를 떠올렸다. 얼굴이 생각나지 않았다. 그와 함께 커피를 마셨던 카페 이름도, 같이 걸었던 거리도, 나누었던 음악도 생각나는데 책을 읽다 마주 보던 그의 눈빛이 기억나지 않는다. 오래도록 그리웠지만 길에서 우연히 마주쳐도 알아보지 못할 것임을 깨닫는 순간 그리움의 정체에 의문이 생겼다. 시간은 천천히 기억에서 세세한 것들을 빼앗아 단순한 이미지만 남겨 놓았다. 그것도 내 필요에 따라 각색을 거친 이미지로. 그러니 나는 그를 기억하지 못한다.

기술이 발달해 존재했던 모든 것을 저장할 수 있게 되었지만 인간의 기억만큼은 예외다. 보존하려고 종종 걸음으로 사진을 찍고 그림을 그리고 메모를 하며 영상을 촬영하는 이유도 결국 그것을 잊는다는 사실을 알기 때문이다. 잊을 수 있어서 이만큼 살았다. 우리가 하는 모든 문화적 행위는 간절히 기억하려 하거나 혹은 통렬히 잊고자 함이다. 기념관, 기념비, 박물관, 문학관, 추모관, 도서관, 소설, 영화, 음악, 그림 등은 잊기와 기억하기의 어긋난 변주곡이다.

이 책은 전쟁, 죽음, 사고, 도시개발, 재난 등의 이유로 소멸한 사람들을 위한 공간을 여행하며 적은 기행문이다. 인류의 삶은 그가 살았던 장소, 사용했던 물건, 함께했던 사람 속에 존재한다. 독일과 일본 그리고 한국의 기억 공간(이 책에서는 박물관, 도서관, 문학관, 기념관, 기념비, 무덤 등 유물과 유적으로 인간의 과거를 기록·보존하는 공간을 기억 공간 혹은 기록관이라 칭하였다)에 보관되고 전시된 유물과 유적이 무엇을 어떻게 기억하려는지 살폈다.

　　삶의 모든 것을 기억할 수 없듯 인류의 지난 일들이 박물관이나 기록관에 모두 보존되지는 않는다. 또한 보존하고 전시하는 문서, 물건, 기념비, 건축물에 부여된 특별한 의미가 영원한 것도 아니다. 개인이든 기관이든 공동체든 과거 보존의 필요성은 언제나 현재로부터 온다. 당대의 목적에 따라 수집되고 당대의 권력이 원하는 방향에 따라 분류되며 전시된다. 내가 수십 년이 흐른 뒤에도 그를 그리워하는 것은 지금 내 삶에 그에 대한 기억이 간절하기 때문이듯 공공의 자원으로 설립·운영하는 박물관과 기록관에 보관된 유물과 유적은 사회 공동체의 구성원인 우리가 지금 절실하게 '무엇을 잊지 않으려 하는가' 그래서 '무엇을 꿈꾸는가?'에 대한 대답이다. 기억하고 기념하고 기록하는 우리의 모든 과거 이야기는 옛사람과 예전 그대로의 모습으로 다시 만나려는 몸부림이 아니라 지금 무언가를 하려는 시도다. 과거에서 온 유물과 유적은 현재에 사는 관람객과 시공간을 넘어 소통하고자 그 자리에 있다. 우리는 그것을 사용한 사람들에게서 멀리 떨어져 나와 과거의 사용자가 그것을 어떻게, 왜 사용했는지, 그 공간에서 무엇을 꿈꾸었는지 이야기하려 한다.

기록물 사이의 맥락을 읽으며 그것을 창조한 사람들 간의 연결고리를 발견하는 기억 공간 여행을 통해 함께 살아가는 우리의 공유 기억이란 무엇이고, 어떤 것이어야 하는지 되묻는 기회가 되길 바란다. 또한, 저마다 기억 공간이 확장되어 내가 만드는 것은 적지만, 우리가 함께 만들 수 있는 것은 많고 오래 지속된다는 것을 믿길 바란다.

글의 순서

그리고, 남겨진 이야기

닫는 말

독일의 기억 공간

#기념일

    과거는 언제 현재에서 떨어져 나와 더 이상 움직이지 않는 '과거'가 되는가? 떠나올 때다. 장소나 시간을 벗어나는 순간 강렬하게 그것을 의식한다. 고향이나 나라를 떠나온 사람의 기억이 여전히 그곳에 살고 있는 사람보다 특정 시기에 더 고착되어 있으며 더 강력하게 살아 있는 이유다. 서울의 평양냉면은 지금 평양 사람들이 먹는 냉면이 아니라 한국전쟁 전후로 남하한 사람들이 평양을 떠날 때의 냉면이다. 1800년대 아일랜드에서 동짓날 귀신을 쫓던 핼러윈데이가 뉴욕 브루클린의 아일랜드 이민자들에 의해 당시의 형태 그대로 기념되는 것도 신랑 신부가 결혼식 날 머리에 꽃 화환을 쓰는 그리스 전통 결혼식이 현지 그리스보다 그리스계 미국인에 의해 유지되는 것도, 2,000년 이상 전 세계를 떠돌아야 했던 유대인들이 어느 곳에 정착하든 교육 방식과 기도 형태를 정통으로 고수하는 것도 모두 같은 이유다. 떠나오던 때를 의식하며 잊지 않고자 기념했기 때문이다. 더 이상 거기에 존재할 수 없음으로, 기억으로만 회상할 수 있는, 명백한 옛일, 그것이 과거다. 떠나온 사람들은 그곳

의 과거를 기념하며 현재를 살아가고, 떠나 보낸 사람들
은 그들의 존재를 잊지 않으려고 이야기를 재구성한다.

1장

이민자의 기억법, 회상

독일 브레멘 항구의 이민 박물관

독일 이민 박물관
German Emigration Center Columbusstrasse 65
27568 Bremerhaven

　　독일의 서북쪽 함부르크 아래 도시 브레멘의 항구에
는 이민 박물관이 있다. '떠난 사람들의 집'이다. 크고 작
은 배들이 정착한 항구에 범선 모양을 한 박물관은 19세
기부터 아메리칸드림을 꿈꾸며 미국으로 떠났던 독일
이민의 역사를 기념하기 위해 2005년에 세워졌다. 박물

관 마당의 바닥 돌에는 떠난 사람들의 이름과 도착지, 떠난 연도가 새겨져 있다.

이민자들의 꿈을 기억하는 브레멘 항구 이민자의 집

박물관 입장 티켓을 끊으면 승선권과 카드를 준다. 오디오 가이드는 영어, 독일어 두 가지 버전 중 선택할 수 있고 추가 비용을 내면 사진을 촬영할 수 있다. 이민자가 되어 한 국가에서 다른 국가로 이동하는 전 과정을 체험하는 '발견투어 프로그램(Discovery Tour)'은 떠나는 사람들(Emigration) 편부터 시작했다. 승선권은 실제로 1923년 브레멘에서 미국으로 간 마르타 훈너(Martha Huner, 1906-1987)의 것이다. 전자카드를 출입문에 꽂으니 출입국사무소로 꾸며진 방의 문이 열리고 디오라마*가 시작된다. 그리고 그 안에는 이민 박물관이 브레멘에 있는 이유가 담겨 있었다.

1821년도부터 1941년까지 농경사회에서 산업사회로, 신분제도가 존재하던 봉건 시대에서 만인이 평등한 민주주의시대로 전환하던 시기 4,400만 명의 유럽인

> *디오라마Diorama는 모조 공간을 만들어 관람객이
> 그 공간에 들어가 완전히 몰입하게 하는 전시 방법이다.
> 놀이공원에 온 듯 기차를 타고 내부를 관람하며 전쟁이나
> 지진 상황을 체험하게 하는 등 극적인 요소를 활용한다.
> 이민 박물관의 발견투어 프로그램은 디오라마 방식으로
> 구성되어 '보관하는 박물관'에서 '보여주고 체험하는
> 박물관'으로의 변화를 꾀했다.

이 미국, 캐나다, 남아프리카 공화국, 호주 등 신생국가로 떠났다. 브레머하펜에서만 1830년부터 1974년까지 배를 탄 유럽 이주민이 720만 명이었고 그중 독일인이 370만 명이었다.

대기실(Wartehalle)에서 관람객을 제일 먼저 맞이하는 건 Hoffnung(희망)이라는 큰 글씨와 설명문이다. 이민 박물관에서는 그들이 떠난 이유를 '희망'이라고 말하고 있었다. 벽에는 당시 이민을 신청한 사람들의 서류, 출국 조건, 승선요금표, 독일 현대사 연대기표가 붙어 있었다. 전시를 전부 보고 난 후 다음 장소로 가기 위해 복도로 나갔다. 그런데 다른 방이 없었다. 어디로 가야 하는지 몰라 그 방에 들어갔다 나왔다 여러 번 반복했지만, 입구에서 받은 출입카드로 들어갈 수 있는 곳은 여기뿐이었다. 방 안에서 초조하게 입구를 찾는 모습이 흡사 그 방 벽면에 붙은 100년 전 사진 속 서류를 제출하고 출국허가가 떨어지기를 기다리는 이민자 같았다.

이윽고 휘파람 같기도 하고 뱃고동 같기도 한 소리가 방 안에 울려 퍼졌다. 감쪽같던 벽면이 문이 되어 열리고, 좁고 긴 복도가 나타났다. 길은 큰 항구의 부두(An der Kaje)로 이어졌다. 캄캄한 항만에는 가로등 몇 개가 켜

저 있었고, 높게 쌓인 나무궤짝 사이로 실물 같은 쥐가 나타났다 사라지며 간담을 서늘하게 했다. 배가 접한 부두에는 배로 올라가는 가파른 계단이, 그 아래에는 떠나는 사람들과 배웅하는 사람들이 가득했다. 불안과 기대가 담긴 그들의 얼굴이 가로등 불빛에 강렬하게 비쳤다.

항구에서 배를 타는 이민자를 배웅하는 사람들

이어지는 방에는 배를 타러 가는 길을 재현해 놓았다. 배로 넘어가는 가파른 철제 계단은 실제처럼 삐거덕거렸고 계단 아래에는 부두에서 배웅하는 사람들이 보였다. 갑판에 오르자 동그란 창문으로 먼바다 파도가 출렁였다. 선실 입구에는 당시 이민자를 싣고 떠났던 실제 배 모형이 전시되어 있었고 커다란 여행가방이 차곡차

곡 쌓여 있었다. 통유리창 너머로 새롭게 조성된 브레멘의 항구 노이어하펜이 보여 정말 배를 타고 항구를 떠나는 듯했다.

가격에 따라 크기와 인원이 정해진 일등실, 이등실, 삼, 사등실의 침실과 화장실, 식당에는 당시 경제적 형편을 보여주는 차림의 사람들 모형이 있었고 부엌과 화장실 수도에 손을 대면 당시 이민자들의 사진이 영상으로 흘러나왔다.

700만 인의 방. 700만 이민자의 이름이 새겨진 서랍이 연도별로 있다.

선실을 지나면 700만 인의 방(Galerie der 7 Millionen)이라는 이 배에서 가장 길고 환한 도서관이 나온다. 이곳에는 이민 간 700만 명의 이름이 새겨진 서랍이 연도별로 있다. 서랍들 사이로 전화기와 사진이 놓여 있는데 수화기를 들면 그 사람이 왜 고국을 떠나게 되었는지 어디로 갔는지 당시 상황을 들을 수 있다. 서랍장 맨 위에는 이민자들의 가족 성을 역시 연도별로 분류해 놓았다.

배는 항해를 마치고 뉴욕항(Uberfahrt)의 엘리스 아일랜드(Ellis Island)에 도착했다. 엘리스 아일랜드는 미국 최초 이민국이 세워진 곳으로 신세계의 관문으로 불렸다. 1890년 전까지는 맨해튼 작은 캐슬가든에 있던 이민국이 증가하는 이민자를 받을 수 없어 자유의 여신상 바로 아래 엘리스 아일랜드로 확장하여 이민자를 받았다. 이어진 여섯 번째 방(Office of the New World)에는 당시 독일인들이 오스트리아, 캐나다, 미국 등 나라별 입국소 위치와 입국 현황을 연도별, 대륙별로 한눈에 파악할 수 있게 표시한 커다란 전도가 사방 벽에 그려져 있다. 그야말로 대이동의 시기였다. 사람들은 종교, 신분, 경제 등의 이유로 새롭게 발견한 땅을 향해 분주히 움직였다.

일등석과 이등석 승객들은 대부분 배 위에서 간단한 심사를 받고 바로 도시에 들어갔다. 하지만 삼등석에 타야 했던 마르타 훈너는 그레이트 홀에서 적게는 3시간 길게는 5시간에 걸쳐 건강진단과 법적인 절차를 밟아야 했다. 출국사무소와는 비교할 수 없는 긴장감이 흐르고 입국심사를 하는 사람은 마치 범죄자를 검문하는 듯한 표정으로 이민자의 얼굴을 살피고 있다. 각 사무실은 천장 끝까지 서류가 쌓여 있고 입국심사대에 앉은 이민자들은 입국이 허가되지 않으면 어쩌나 두려운 마음으로 눈치를 살핀다. 무사히 심사를 마친 사람들은 드디어 자신의 가방을 챙겨 미국 국기가 펄럭이는 커다란 홀 아래 계단을 걷는다.

구치소였던 곳을 입국심사 대기실로 고쳐 사용한
앨리스 아일랜드를 재현했다.

감옥 면회실 같았던 입국심사대를 지나자마자 만나는 그랜드센트럴역(Grand Central Terminal)에는 낯선 언어가 빠른 속도로 흘러나오는 라디오방송국, 화려한 의상과 과장된 모습의 영화 포스터가 붙은 극장, 유럽 가정에서 만들어 먹던 음식들이 공산품으로 만들어져 판매되는 매점이 있었다. 마치 새로운 세상에서는 모든 일이 잘 풀릴 것이라는 느낌을 주고야 말겠다는 듯 화려하고 과장되게 꾸며져 있었다.

나라별 입국소에는 지도와 함께 연도별
입국현황표와 입국문서를 보관하고 있다.

출국 체험이 끝난 후 입국 체험이 이어졌다. 이번 주인공은 베트남인 마이 풍 콜라트(Mai Phung Kollath)다. 그녀는 독일인 마르타 훈너가 1923년 브레멘 항구를 떠나 미국으로 이민 간 때로부터 60년 후 독일로 들어온다. 마이는 1963년 베트남 하노이에서 태어나 고등학교를 졸업한 다음 해인 1981년에 시하펜 로스토크(Seehafen

Rostock)의 4년 계약직 파견노동자로 독일에 입국했다. 매점을 지나고 나타난 장소(Kiosk, Frisorsalon)에는 그녀의 가족사진이 있고, 고서점(Antiquariat-Vintage Book Shop)에는 마이 가족의 책과 수집품, 음악이 모여 있는데 그녀가 누구인지, 어디에서 왔는지, 무엇을 믿었는지 등을 알 수 있다. 여행사(Reiseburo-Travel Agency)에는 1986년 독일행 비행기티켓, 파견노동자 계약서, 편지, 파견노동자 인증서 등의 기록과 함께 그녀가 왜 독일에 왔는지 어떻게 살았는지를 보여주는 영상이 있었다.

마이는 3개월간 독일어를 배운 후 구내식당에서 일을 배웠다. 그때 자신의 꿈이 사라졌다고 회고했다. 그럼에도 그녀는 노동계약에 사인을 했다. 처음 몇 해는 매일이 고문이었지만, 1985년 마침내 요리사 교육과정을 마치고 관리자로 승진했다. 하지만 1989년에는 일을 그만두어야 했다. 임신을 했는데 파견노동자는 즉시 중절수술을 하거나 추방되었기 때문에 독일에 계속 있고 싶었던 마이는 헐렁한 옷을 입고 7개월 동안 임신 사실을 숨겼다. 당시 그녀는 베트남에 있는 가족에게 편지를 보내고, 가족들이 보낸 답장을 읽으며 하루하루를 버텼다. 상자 두 개에 가득 찰 만큼 많은 편지에서 그녀가 임신했을 때 그녀의 엄마가 얼마나 힘들어했는지 알 수 있다.

　마이의 월급은 다른 파견노동자들과 마찬가지로 몹시 적었다. 그녀는 부업으로 청바지와 청가방 만드는 일을 했는데 다그마 페트리(Dagmar Petri)에서 나오는 웨스턴 스타일 바지는 작업료가 아주 높았다. 벨트, 지퍼 등의 재료는 베트남 항해사들이 공급했다. 당연히 불법이었고 공무원에게 뇌물을 주고 무마했던 것으로 보인다고 기록되어 있다. 백화점(Kaufhaus-Department Store)에는 당시 청바지가 전시되어 있는데 마이가 만든 것은 아니고 작업장에서 알게 된 베트남 통역사 훙(Hung)이 만든 것이다. 그와는 베를린 장벽이 무너진 후 연락이 끊겨 어디에서 무엇을 하는지 알 수가 없다. 다그마 페트리는 웨스턴 스타일 바지 한 벌에 70서독마르크(East Marks)를 지불했는데 당시 판매원의 월급이 400서독마르크였다. 함께 전시된 청가방은 포츠담에서 베트남 파견노동자로부터 청바지를 샀던 모니카 리히터(Monika Richter) 가족이 박물관에 기증한 것이었다.

　1995년부터 마이는 럭스타협회(Rostock-Based Society)의 '디엔 홍-한 지붕 아래 같이(Dien Hong-Together Under One Roof)'에서 일하기 시작했다. 이 단체는 1992년에 일

어난 로스토크시 리히텐하겐구의 베트남 거주 아파트 방화사건으로 만들어졌다. 1990년대부터 독일 통일 이후 경제불안과 높은 실업률에 불만을 가진 구동독 출신의 비행청소년들이 주로 활동한 신나치단체들은 국외망명자 및 외국인노동자 숙박시설을 파괴했는데, 1992년 베트남 거주지에 불을 질러 120명이 갇혔다. 그녀는 구술 인터뷰를 통해 1994년에 설립된 이 재단에 대해 이렇게 말했다.

"여러 해 동안 제 몸에 새겨진 베트남인으로서의 정체성을 부정했습니다. 디엔 홍에서 일을 하면서 비로소 소속감을 느꼈습니다. 이 단체는 제 가족 같습니다." 마이는 2011년 이민 박물관의 구술 아카이브에 참여할 당시 베를린에 살고 있었으며 다문화 상담사로 일하고 있었다.

마지막 장소에는 컴퓨터가 여러 대 놓여 있었다. 이곳 가족 검색(Famillenforschung-Family Research)에서는 이름 검색만으로 가족, 친지 중에 누가 이민을 떠났는지 확인할 수 있다. 전 세계 사람들의 이동 경로가 그려진 세계지도 아래에서 나와 관련한 이민자를 검색하는 것으로 투어는 끝이 났다.

전 세계 사람들의 이동 경로가 그려진 세계지도 아래 누구든 자신의
이름을 입력하면 가족 친지 중 누가, 어디로 이민을 떠났는지 찾을 수 있다.

나는 의자에 앉아 내 가족과 친구들의 성을 가진 사
람들이 어디로 향했는지 찾아보았다. 수많은 독일인이
신세계를 향해 떠나던 시기에 한국의 간호사와 광부, 조
선기술자들은 독일로 들어갔다. 최초 3년이었던 파견 계
약은 6년 혹은 9년으로 연장되었고 대다수 간호사는 잠
시 한국에 들어왔다가 영구히 독일에 살았다. 간호사에
비하여 독일어를 충분하게 익히지 못했던 광부들은 한
국에 들어왔다가 브라질, 아르헨티나, 파라과이, 볼리비
아로 다시 이민을 떠났다. 그 다음 시기에는 베트남인 마
이가 독일로 왔다. 모든 투어가 끝난 마지막 홀에는 커다
란 지구본이 하늘에 걸려 있었고 그 너머로 브레멘 항구
바다에 노을이 지고 있었다.

투어의 마지막 홀은 브레멘 항구를 배경으로
하늘에 떠 있는 지구본을 보게 되어 있다.

노을이 지는 이민자 박물관

　박물관에서 건넨 작은 팸플릿 맨 끝에는 '독일 이민
자 박물관은 고향을 떠나는 사람들을 보여주고 있습니
다. 이들은 저마다 다른 사연을 지니고 있지만 우리는 늘
어디론가 떠나 고향을 그리워하고 어딘가에 도착해 이

방인이 된다는 점에서 같은 모습을 지니고 살아갑니다.'
라고 적혀 있었다.

우리는 모두 지구라는 하나의 세상을 떠돌아다니며
더 나은 삶을 꿈꾼다. 떠나온 사람들은 그곳을 기념하고
떠나 보낸 사람들은 그들이 떠난 이유를 기억한다.

"세상에 발 없는 새가 있다더군.

늘 날아다니다 지치면 바람 속에서 쉰대.

평생 딱 한 번 땅에 내려앉는데 그건 바로 죽을 때지!"

– 영화 [아비정전] 중

#기억과 정체성

　무엇을 기억하는가에 따라 나는 '누군가'가 된다. 김영하의 소설 [살인자의 기억법]의 주인공은 치매로 살인에 대한 기억을 잊자 선량하고 정의로우며 딸을 사랑하는, 과거와는 전혀 다른 사람으로 살아간다.

　내가 누구인지를 말해 주는 정체성은 개인의 기억과 집단의 기억으로 이루어져 있다. 우리는 같은 일을 경험해도 저마다 고유한 방식으로 기억을 저장하거나 폐기한다. 어느 부분을 기억할지, 어떤 기억을 활성화하고 언제 그것을 불러내는가에 따라 그는 누구도 아닌 자신이 된다. [기억을 찾아서]의 저자이자 노벨 생리의학상 수상자인 에릭 캔델은 자신의 수많은 기억에서 유독 7살 때 독일 나치의 게슈타포가 유대인의 재산을 몰수하고자 아파트를 방문했을 때 부엌에서 났던 냄새, 벽지색, 목소리가 선명하게 떠오르는지 알고 싶었다. 대학에서 역사와 문학을 전공했던 그는 진로를 바꾸어 뇌를 연구했다. 학습과 기억 작용이 일어날 때 인간의 뇌에 어떤 일이 일어나는지를 연구하고 단기 기억과 장기 기억이 신경세포의 분자 수준에서부터 달라진다는 것을 밝혔다. 사람마다 무엇을 어떻게 기억하는지를 살피면, 삶에서 그에게 가장 중요한 맥락이 무엇인지를 읽을 수 있다.

집단의 기억 역시 사회의 정체성을 말해 준다. 다만 개인의 기억보다 조금 더 복잡한 양상을 띤다. 집단 기억은 개인 기억의 집합체이지만 단순한 모음이 아니며 개인의 기억과는 다른 생로병사의 길을 걷는다. 예를 들어 3.1 운동에 대한 집단 기억은 직접 경험한 사람들로부터 들어 형성된 간접 경험 기억과 역사 교과서, 영화, 드라마, 책과 같은 매체를 통해 형성된 학습 경험이 혼재되어 있다. 시간이 흐를수록 사회구성원들에게는 학습된 기억이 직접 경험 기억보다 우세하게 작용하고, 기억의 형태는 점차 단순화된다. 영화 [동주] 개봉 후 일제강점기를 기억하는 사람이 늘었다. 개인의 기억은 그 기억을 생성한 이들이 소멸하거나 그들이 가족이나 이웃에게 기억을 전승하지 못할 때 사라진다. 하지만 독립운동에 대한 기억은 기억 생산자들이 소멸해도, 또는 생산자의 실제 기억과 달라도 사회적 정치적 문화적인 이유로 끊임없이 재생산되고 활성화된다. 지금의 한국을 말해 주는 중요한 사회적 공유 기억이기 때문이다.

2장

내가 누구인지 말할 수 있는 자는
누구인가?

독일 뮌헨의 이미륵 묘

이미륵 박사 묘
Pasinger Str. 54, 82166 Gräfelfing
묘소번호 145-147

바이에른 알프스 산지 가까이 이자르강을 끼고 있는 도시 뮌헨은 독일의 다른 도시보다 높은 곳에 있어 맑은 날 알프스산맥이 보인다. 하지만 대개는 날이 흐려 붉게 노을이 지듯 해가 뜬다. 뮌헨 근교 그래펠핑의 시립공원 묘지에는 해가 뜨는 동쪽에서 압록강을 건너온 어느 조선인의 무덤이 있다.

이자르강과 압록강 사이에 흐르는 것들

　미륵은 조선 말 황해도 해주에서 아버지를 잃은 사촌형 수암과 함께 자랐다. 미륵의 아버지는 일찍 죽은 남동생의 아내와 자식들 그리고 남편을 잃은 여동생과 그의 자식들까지 책임져야 했는데, 그 덕분에 미륵은 여러 사촌과 함께 어울렸다. 수암은 엄격한 미륵의 아버지에게 한문을 배웠는데 영특하고 일 저지르기를 좋아하는지라 조용하고 진중하게 움직이는 미륵까지 부추겨 심술궂은 장난을 치곤 했다. 미륵의 아버지는 둘이 학령기가 되자 집에 서당을 만들어 훈장에게 읽기와 쓰기를 배우도록 했다.

　당시 신식 학교에서는 고전문학을 가르치지 않아 자식들이 잘못될까 걱정하는 부모도 많았지만, 아버지는 배울 것이 더 많을 거라 생각하여 서울에 있는 학교에 미륵을 보내기로 한다. 면접을 앞두고 거리를 걷다 미륵이 하늘에 대해 가르친다는 천문학을 자신이 잘 배울 수 있을지 걱정을 하자 아버지는 "언제든 하늘에 대해 이야기하면 신중히 들어야 한다. 그것은 고귀한 가르침이니까."라고 답했다. 또한, 아들이 학업을 잘 이행할 수 있을지 걱정하자 고개를 끄덕이며 "항상 너의 영혼을 깨끗하게 해야 한다."고 덧붙였다. 한문과 한시 읽는 것을 좋아한 미륵은 내키지 않았지만 아버지의 바람대로 신학문을 배운다. 또래 아이들보다 늦게 입학해 학업에는 많이 미치지 못했지만 영국을 비롯한 유럽의 새로운 나라와 과학을 배우고 그곳에서 새 친구들을 사귀었다. 하지만 그사이 일본이 한국을 합병 통치하고 아버지가 갑작스럽게 사망한다. 상을 치르기 위해 고향에 내려온 미륵은 수학, 과학을 비롯한 신학문을 4년이나 공부했음에도 신통찮은 자신에게 의문을 품는다.

어머니는 미륵에게 "너는 총명하다."고 말하며 다만 신학문이 너에게 맞지 않을 수 있으니 옛 선비들처럼 시골에서 생각할 시간을 보내는 것도 좋겠다고 시골살이를 권했다. 어머니의 말씀대로 송림마을에서 농사를 짓는 사람들과 함께 지내며 학교에서 자신이 배운 것들을 되새기던 미륵은 공부를 더 하기로 마음먹는다. 서울에 있는 전문대학에 입학하려고 노력하지만, 몇 년 동안 공부를 하지 않아 쉽지 않았다. 하지만 학창 시절 수학과 물리에 뛰어났던 학교 친구들이 달라붙어 그에게 공부를 가르치기 시작했다. 비록 자신들은 진학하지 못하지만 고향에서 한 명이라도 서울에 있는 대학에 보내겠다는 결심으로 밤잠을 줄여가며 다 같이 공부에 매달린 결과, 미륵은 5명을 뽑는 시험에 합격했고 친구들은 자기 일인 양 기뻐했다.

미륵은 대학에서 철학책 [존재론]에 매료되었지만 동기생 익원은 조선이 유럽에 뒤떨어진 것은 철학적 숙고가 아니라 자연에 대한 실질적인 지식이고, 조선이 인간의 육체를 구태의연한 철학을 통해서만 이해하려고 하는 동안 서양학자들은 신체를 해부해서 그 내부기관을 직접 눈으로 관찰했다고 말하며 그런 책에 그만 매달리라고 한다. 그러나 미륵은 서양의 의학 지식이 아닌 신체를 해부하지 않고도 인체를 거의 정확하게 묘사한 한의학을 떠올린다. 한의학에서는 해부하여 살펴보면 하루에도 단박에 익힐 수 있는 신체 구조를 평생을 바쳐 공부한다. 단순히 몸의 구조를 익히는 것이 아니라 생과 사, 존재 의미에 대해 성찰한다. 미륵은 이런 한의학의 특징을 오랫동안 생각한다.

한편, 미륵은 익원과 함께 3.1 운동에 참여한다. 익원과 친구들은 체포되고 미륵은 일본 경찰에 쫓긴다. 불안한 도망자의 눈을 본 엄마는 아들에게 말했다.

"여러 번 겁을 내기는 했어도, 너는 늘 네 자신의 길에
충실했다. 난 널 믿는다. 용기를 내거라! 가뿐히 국경을
넘어서, 반드시 유럽에 가게 될 거야. 이 어미 걱정은 하지
말거라! 나는 네가 이곳으로 다시 올 때까지 기다리고
있으마. 세월은 아주 빨리 지나간단다. 혹시 우리가 다시
못 만나게 되더라도, 너무 슬퍼하지 말거라! 넌 내 생애에
너무도 많은 기쁨을 주었단다. 자, 내 아들, 이젠 너 혼자
가렴, 멈추지 말고!"

– 소설 [압록강은 흐른다]/이미륵/박균 옮김/살림/212쪽

독일 여권을 발급받기 위해 중국에서 여섯 달 동안
망명 생활을 하다 프랑스 파리를 거쳐 독일에 온 미륵이
무사히 뮌헨에 도착하여 거처를 정한 후 처음 눈이 온다
고 좋아하던 날, 엄마가 돌아가셨다는 편지를 받는 것으
로 소설 [압록강은 흐른다]는 끝이 난다.

[압록강은 흐른다]는 이미륵의 자서전적 소설이다.
조선인으로 태어난 미륵은 잠시 대한제국의 국민이었다
가 일본제국의 신민이 되었다. 의학전문대학의 일본인
면접관은 미륵에게 우리나라는 더 이상 조선이 아니라
일본제국 전체를 가리키는 말이며, 우리나라 사람들이

라 하면 조선 사람뿐만 아니라 일본제국의 모든 사람을 가리킨다는 것을 항상 새기라고 말했지만 미륵은 아무 말도 하지 않았다.

이미륵 작가는 대한민국청년외교단의 비밀활동이 발각되어 일본 경찰의 지명수배를 받다가 그해 11월 상해로 건너가 대한적십자회 대원으로 발탁되어 독립운동을 계속했다. 이후 유럽으로 망명길에 올라 로트링(옛 독일령) 태생의 빌헬름 선교사의 도움으로 1920년 5월 독일의 뮌스터슈바르차하 수도원에 도착해 힘들고 외로운 망명 생활을 시작했다. 이미륵은 독일에 있는 동안에도 1927년 벨기에 브뤼셀에서 개최한 세계피압박민족대회에 참가하여 일본의 조선 침략을 고발하고 독립을 지지해 줄 것을 호소했다. 뷔르츠부르크대학과 하이델베르크대학에서 의학을 전공한 후 뮌헨대학에서 동물학으로 전학했다. 1948년 뮌헨대학 동양학부 외래교수로 초빙되어 한국학과 동양철학을 강의했으나 자리를 잡은 후 한 해 만에 그래펠핑시에서 위암으로 죽었다.

소설에는 미륵이 어린 시절 사촌들과 함께 장난치며 놀던 조선의 자연풍광과 서당에서 한문을 배우다가 청소년 시절 갑자기 천문학, 과학, 영어를 배워야 했던 당시 급변하던 교육 상황과 문명 충돌의 모습이 잘 드러나 있다. 간결하고 담담하게 어린 시절부터 독일로 오기까지의 삶을 그리고 있는데 이상하게 문장마다 눈물이 흐른다. 그리움을 누르고 유년 시절을 담담하게 이야기하는 그의 글에는 어찌할 수 없는 디아스포라(떠돌며 다른 곳에서 삶의 씨앗을 뿌리는 사람)의 슬픔이 배어 있다. 모국어를 사용할 일이 없는 곳에서 독일어로 소설을 쓰며 혼자 버티어낸, 그럼에도 자신이 할 일을 잊지 않고 해낸 젊은 미륵의 고단함과 담대함을 생각하며 눈이 오는 날 그의 묘를 찾았다.

그래펠핑 시립공원묘지

이미륵의 묘는 뮌헨에서 자동차로 20여 분 거리에

있는 그래펠핑 시립공원묘지의 후문 쪽에 있다고 했다.
그런데 시립공원 단지의 규모가 엄청나게 컸다. 게다가
눈바람은 점점 거세졌다. 비석마다 이름을 확인하며 걷
다가 독일인 할머니를 만났다. 나를 보자 씽긋 웃으며
인사를 보내기에 혹시나 하는 마음으로 후문이 어디인
지 물었는데, 안타깝게도 그는 영어를 할 줄 몰랐다. 되
든 안 되든 부딪혀보자 하는 마음으로 혹시 이미륵의 묘
위치를 아는지 천천히 반복해서 물었다. 내 영어를 반복
해서 듣던 그의 표정이 어느 대목에서 달라졌다. "닥터
리?"라고 되묻고는 따라 오라 했다. 앞장서 걸으며 내가
따라오는지 몇 번 뒤를 돌아 확인하며 가더니 이윽고 손
으로 어떤 곳을 가리켰다. 그곳에는 한자로 선명하게 '이
의경'이라 쓰인 묘가 있었다. 이의경은 이미륵의 어른
이름이다.

　날이 좋은 때 무덤 하나하나를 찬찬히 살피기만 한
다면 놓치기 어려운, 독일인에게뿐만 아니라 한국인에
게도 이국적인 조선인의 무덤이었다. 묘에는 누군가 오
늘 가져다 놓은 것이 분명한 노랗고 작은 국화 다발이 있
었다. 단박에 묘를 찾은 그에게(그가 영어를 할 줄 모른다는
사실을 까맣게 잊고) 어떻게 닥터 리의 묘가 여기 있는지 아

느냐고 물었다. 그는 무슨 말인지 모르겠다며 미안하다고 말했다. 영어를 한마디도 할 줄 모르는 독일인을 뮌헨에서 처음 만났다. 독일에서 지낸 45일 동안 거리에서도 박물관에서도 지하철에서도 성당에서 페인트칠을 하던 분도 영어로 내게 어디에서 왔느냐고 물었는데 말이다. 그럼에도 그는 '닥터 리'를 정확하게 알아들었다. 가슴에서 뭉클한 것이 올라와 하마트면 눈물을 흘릴 뻔했다. 알고 보니 1946년 5월 유명출판사 피퍼(Pipper)에서 출간한 이미륵의 소설 [압록강은 흐른다] 독일어판이 독일의 한 잡지사 여론조사에서 '올해 독일어로 쓰인 가장 훌륭한 책'으로 선정되었다고 한다. 100여 편이 넘는 서평이 쇄도했고, 그의 소설은 한국과 한국 사람들의 진실, 자유, 정의, 사랑으로 사람과 사람 혹은 대륙과 바다를 연결하여 두 세계가 결합하도록 다리를 놓아주었다는 평을 받았으며 고등학교 국어 교과서에 실렸다. 이의경이 사망하여 이곳에 묻힐 때 그를 따른 독일인이 300여 명이 넘었다고 한다.

　　뮌헨의 할머니는 한국을 이미륵의 고향으로 기억하고 있었다. 그는 영어를 몰랐지만 닥터 리를 알았다. 독일에서 1940~1950년대에 청소년이었던 사람들은 국어 교과서에서 이미륵의 소설을 읽으며 성장했다. 그중에는 발터 라이퍼(1918-1995)처럼 미륵이 소설에서 표현한 진중하고 조용하고 야무지고 아름다운 조선을 사랑하게 되어 한국을 찾은 이도 있었다. 그는 '이미륵협회'를 만들어 그의 철학과 문학을 알리는 일에 평생을 보냈다. 눈오는 날 놓여 있던 노란 국화도 그들의 수고였다.

이의경의 묘는 정원인지 묘인지 구분하기 어려울 만큼 꽃을 많이 심은 독일인들의 묘와는 구조가 전혀 달랐다. 한국에 있는 산처럼 개잎갈나무(히말라야시다), 잣나무, 소나무로 둘러싸여 있고 비석은 기와를 얹고 있었다. 눈이 펑펑 쏟아지는 아주 흐린 날에도 그래펠핑의 묘지는 빨갛고 노란 장미가 활짝 피고 이름 모를 보라색과 분홍색 꽃들 천지여서 지금이 겨울인지 봄인지 구분하기 어려울 만큼 화사하고 온화했다. 묘지 입구에 있는 건물 지붕도 흐린 날씨에 전혀 주눅 들지 않는 화사한 오렌지색이다. 묘를 찾아 걷는 길은 아주 잘 만들어진 꽃 정원을 거니는 것과 같았다. 형형색색 화려한 묘 사이에 오직 이의경의 묘만 소설 속 진중하고 조용하고 야무진 그의 고향 '조선'처럼 차분히 가라앉아 있다. 정문, 후문 어느 쪽에서 출발하든 묘를 하나하나 들여다볼 시간만 있다면 한자를 읽지 못해도, 이미륵의 어른 이름인 이의경을 몰라도 그의 묘를 찾을 수 있다. 영락없는 조선의 옛 묘지 그대로이기 때문이다.

이미륵의 묘와 사뭇 다른 분위기의 독일인의 묘

나는 독일인의 묘와 다르게 조성된, 옛 한국인의 묘가 좋은지 어떤지 몰라 한참 그곳에 서 있었다. 진눈깨비가 내리는 날이라 그랬을까? 화사한 꽃들이 아닌 소나무류가 있어 그랬을까? 외로워 보였다. 날이 어두워질수록 노란 국화가 더 선명해졌다. [압록강은 흐른다]가 출간되기 한 해 전, 조선은 일본으로부터 해방되었다. 그러나 그는 고향에 돌아가지 못했다. 남한은 미군이, 북한은 소련이 점령했기 때문이다. 이러지도 저러지도 못하는 시간을 보내다 그는 6.25 전쟁 바로 전 암으로 병사했다. 어머니의 손을 놓고 압록강을 건널 때는 조선에서보다 독일에서 더 많은 시간을 보낼 줄 미처 생각지 못했을 것이다. 독일 땅에서 조선의 역사와 철학을 이야기하는 그의 영혼은 독일과 한국 그 사이 어딘가를 떠돌았을 것이다.

　기록을 찾아 독일 전역을 여행하는 동안 단지 한국인이라는 이유만으로 따뜻한 배려와 친절과 도움을 받았다. 뮌헨에서는 누구에게나 낮은 목소리로 친절하게 무엇이 옳은 것인가를 묻고 답하던 철학자 이의경과 소설 [압록강은 흐른다]를 기억하는 이로부터, 함부르크에서는 유달리 성실했던 한국인 조선소 기술자와 그의 아내가 운영했던 식료품점으로부터, 베를린의 포츠담병원에서는 궂은 일을 마다치 않고 날마다 배우고 성장했던 한국 파견간호사에 대한 기억으로부터 생성된 한국 사람에 대한 독일인들의 집단 기억이 후광처럼 비추었다. 그들은 나를 처음 만났지만 교과서에서 보았던 내용으로, 이웃 사람들의 이야기로, 병원에서 만났던 간호사에 대한 기억으로 나를 보았다. 무엇을 기억하는가는 나의 정체성을 말해 준다고 했다. 기록을 찾아 떠난 이번 여행에서 나는 내가 만든 '직접 체험한 경험 기억'보다 '간접적으

로 획득한 우리의 집단 기억'과 우리를 기억하는 그 무엇
이 사회관계 속에서 활성화되어 내가 한 그 무엇보다 더
강력한 힘을 발휘하는 것을 곳곳에서 확인했다.

#박물관, 기억의 신들이 거처하는 작은 언덕

　제우스는 기억의 여신 므네모시네와의 사이에서 9
명의 딸을 두었다. 그들의 이름은 뮤즈였다. 플라톤은 인
간의 예술 창작을 이어주는 역할을 뮤즈에게 부여했고,
그리스 사람들은 기억의 신들이 거처하는 작은 언덕이
라는 뜻의 신전 무세이온(Mouseion)을 뮤즈에게 바쳤다.
기원전 3세기 알렉산드리아 사람들은 뮤즈의 이름으로
인류 최초의 박물관을 만들었다.

　기억의 신은 창작의 영감인 뮤즈를 낳고 인간은 무
세이온의 유물과 유적을 보며 새로운 것을 다시 창조한
다. 과거인 기억을 사랑하는 행위가 미래의 일인 창작과
연결되는 것이다. 관람객은 박물관의 기록물을 관찰하
며 역사적 기억과 연결하고, 체험은 과거와 현재와 미래
를 연결 짓는다. 내가 어디서 왔는지 발견하고 누구와 더
불어 있는지 공감하며 어디로 항해할 것인지 방향을 세
운다. 박물관의 기록은 회고록인 동시에 예언서다.

　프랑스 파리 사요궁 서쪽 건물에 자리한 인류학 박
물관(Musse de l'Homme)을 지키는 네 개의 기둥 중 트로카
데로 광장 방향에는 폴 발레리의 시구가 새겨져 있다.

'귀한 것들과 아름다운 것들이 여기 교묘히 한데

모여 이 세상 만물을 보는 법을 눈에게 가르친다.

마치 전에는 한 번도 본 적이 없는 것처럼.'

– 박물관의 탄생/도미니크 풀로 지음/김한결 옮김/

돌베개/154쪽

3장

쓰인 것들로부터 나를 발견하는 시간

독일 마인츠의 구텐베르크 박물관

구텐베르크 박물관
Gutenberg-Museum Liebfrauenplatz 5
55116 Mainz

독일에는 프랑크푸르트라는 이름의 도시가 두 개 있다. 둘을 구분하려고 마인강의 도시를 프랑크푸르트 암마인이라 부른다. 마인강을 따라 40여 분 가면 라인강과 만나는 지점에 구텐베르크가 태어난 마인츠가 있다. 어느 도시인들 역사가 없을까마는 1440년대 이곳에서 출생한 구텐베르크가 금속활자를 발명함으로써 마인츠는 기록의 세계사적 공간이 되었다. 1900년에 그의 탄생 500주년을 기념해 시민들이 직접 건립한 인쇄 박물관에는 지금도 시민들이 해마다 기부를 한다. 박물관 내에서 판매한 기념품 수익금도 박물관 유지를 위해 사용한다.

<u>독일 마인츠 시민들이 건립한 구텐베르크 박물관</u>

독일의 다른 도시들처럼 마인츠도 마르크트 광장을 중심으로 성당, 오페라하우스, 시장, 서점, 레스토랑 등이 수많은 골목으로 이어지지만 구텐베르크 박물관을 찾다가 길을 잃을 일은 없다. 광장 오른쪽에 커다란 금속 활자로 독일어 알파벳이 새겨진 십여 개의 사각 조각상이 반원을 그리며 전시되어 있고, 알파벳 위에는 그가 인쇄한 성경과 그 밖의 책들이 얹혀 있다. 그 책들을 하나씩 따라가다 보면 인쇄된 종이가 새겨진 청동벽으로 차와 차 사이 구획을 정해 놓은 주차장이 보이고, 박물관 입구 느티나무 아래에 있는 뒤집힌 목판활자 G-U-T-E-N-B-E-R-G가 나타난다.

2000년에 세워진 구텐베르크 박물관 새 전시관 입구

1397년 마인츠에서 태어난 요하네스 구텐베르크는 금속에 문자나 그림을 새기는 일을 했다. 그래서 납, 주석 같은 금속을 녹여 만든 모형을 찍는 원리를 잘 알고 있었다. 그러던 중 1434년경 스트라스부르로 가서 인쇄에 필요한 활자와 기계를 연구했고, 다시 마인츠로 돌아와 동업자와 함께 인쇄공장을 차리고 본격적으로 금속 활자와 인쇄기를 만들었다. 당시 마인츠는 와인 산지로 유명해서 그는 포도즙을 짜는 포도압축기를 이용하여 인쇄를 균일하게 하는 데 성공했다. 처음에는 천문력과 면죄부를 인쇄해 돈을 벌다가 나중에는 성경을 인쇄했는데, 한 권을 만드는 데 몇 년이 걸리던 성경을 며칠 만에 수백 권씩 출력했다. 1,275쪽짜리 [42행 성서]는 전 독일에 엄청나게 팔렸다. 박물관 2층 저온실에는 당시 구텐베르크가 만든 성경 초판본이 보존되어 있다.

　　2층에는 '아시아의 쓰기와 출판실'이 따로 만들어져 있는데 한국, 중국, 일본의 목판과 활판 인쇄 역사가 전시되어 있다. 한국에 인쇄 박물관이란 것이 존재하지도 않던 1974년 독일 구텐베르크 박물관에 한국관이 개설된 것은 1972년 박병선이 프랑스 파리 국립도서관에서 세계에서 가장 오래된 금속활자본인 [직지심체요절]을 발견한 덕분이다. 당시 한국은 여행이 자유롭지 않아 외국에 가려면 국비장학생 시험을 보아야 했다. 1955년 여성 최초로 유학비자를 받은 박병선은 프랑스 소르본 대학으로 유학을 가 역사학 박사학위를 받은 후 국립 고등교육기관인 콜레주 드 프랑스에서 종교학 박사학위를 받았다. 1967년 동베를린간첩단사건(동백림사건)으로 외국에서 유학 중인 지식인들의 안전이 위협을 받자 프랑스로 귀화해 국립도서관에서 사서로 일을 했는데 유학 전 스승의 말을 잊지 않았다. 스승은 박병선이 프랑스로 간다는 말을 듣고 병인양요 때 프랑스가 조선왕조 500년 동안 왕실과 국가행사 전 과정을 상세히 기록한 [외규장각 의궤]를 비롯한 여러 책을 불법으로 가져갔는데 어디에 있는지 꼭 찾아보라 했다.

하루 업무를 마친 후에 날마다 도서관의 책을 꼼꼼히 살피던 박병선에게 어느 날 동료가 정말로 오래된 듯한 한자로 적힌 동양 책을 본 적이 있다고 말했다. 찾고 있던 병인양요 때 약탈당한 문화재는 아니었다. 책 제목은 '직지'였다. 하권의 가장 마지막 쪽에 이 책을 1377년(宣光7年丁巳 7月 8日, 선광7년정사 7월 8일) 청주에 있는 흥덕사(淸州牧外興德寺, 청주목외흥덕사)에서 쇠를 부어 글자를 찍는 방식으로 만들었다고(鑄字印施, 주자인시) 간행 장소, 인쇄 방법이 상세하게 기록되어 있었다. 여기에 적힌 대로라면 구텐베르크보다 200년 전, 조선에선 세계에서 가장 오래된 금속활자를 발명했고, 이 책은 구텐베르크의 [42행 성서]보다 78년 앞서 금속활자로 인쇄한 세계에서 가장 오래된 금속활자본이었다.

박병선은 한국에 있는 학자들에게 편지를 보내 사실을 확인하는 과정에서 이 책이 [직지심체요절]임을 알았다. 1866년 조불수호통상조약이 체결된 후 초대 주한 대리 공사로 부임했던 콜랭 드 플랑시는 아버지가 고서 수집가게를 해 고문서의 가치를 익히 잘 알고 있었다. 한국에 두 차례 머무는 동안 수많은 고문서, 미술품 등을 사거나 기증받아 프랑스로 가져갔고 그중에서 [직지심체요절]을 모교인 동양어 학교에 기증했다. 앙리 베베르는 이것을 180프랑에 구입하여 나중에 프랑스 국립도서관에 기증했는데, 누구도 그 의미를 알지 못해 그저 한자로 적힌 동양 고서 중 하나로 묻혀 있었다. 박병선은 이 책이 실제 금속활자에 의해 인쇄된 것임을 증명하기 위해 중국과 일본의 인쇄술에 관한 책을 읽으며 공부했고, 지우개와 감자로 활자체를 만들어 찍어 보기도 했다. 5

년에 걸친 조사를 마친 그는 1972년 프랑스 파리 국립도서관에서 '유네스코 세계 도서의 해' 기념도서전에 [직지심체요절]을 출품했다. 세계 학계는 놀라운 역사적 사실과 발견에 주목했고, 공식적으로 이것이 세계에서 가장 오래된 금속활자본임을 인정했다.

구텐베르크 박물관은 다음 해인 1973년 세계 최초로 금속활자를 만든 나라, 한국의 고인쇄 전시회를 열었고 기대했던 것보다 많은 사람의 방문과 호평이 이어지자 이듬해인 1974년에 한국관을 개설했다.

한국관에는 흥덕사에서 직지를 인쇄하는 장면을 단계별로 그린 그림과 영상물, [직지심체요절] 영인본을 비롯하여 17, 18세기에 제작된 목판 인쇄물 2권과 대동여지도 복사본, 해인사 팔만대장경을 복제한 목판 또한 전시하고 있다.

박물관 1층과 2층은 구텐베르크의 책과 인쇄 역사, 삶과 업적, 연구자료들과 구텐베르크 사후 유럽에서의 책과 인쇄술 발달에 대한 내용으로 구성되어 있다. 3층과 4층에는 설형문자와 상형문자 등 유럽의 손글씨 역사, 구텐베르크에 의해 촉발된 신문과 신문 인쇄에 관련된 자료, 어린이를 위한 책과 그림책, 20세기 새로운 디자인의 북아트, 북바인딩 수공예품이 전시되어 있다.

　한국관 외에 박물관에서 가장 눈길을 끄는 곳은 지도와 신문이 있는 곳이었다. 구텐베르크에 의해 인쇄가 대중화되자 지도 제작이 활발하게 이루어졌다. 비현실적인 세상에 대한 것부터 현실적인 세상에 대한 모든 것이 책으로 만들어졌다. 360°로 그려진 하늘, 세계 상상동물지도, 미국과 남극이 발견되기 전 제작한 세계지도의 전시 풍경은 인간이 무엇을 믿고자 하는지 어떤 것을 꿈꾸는지를 보여준다. 소설, 아동용 소식지, 신문, 식물과 곤충을 자세하게 묘사한 인쇄물이 연도별로 개발된 프레스(인쇄기기) 너머로 있었다. 유럽 사람들이 가문의 문장을 새기던 다양한 방법과 인쇄물에 색을 넣기 위해 사용했던 각종 열매, 금색보다 더 비싼 가격에 매매되었던 파란색 인쇄 염료, 책을 아름답게 만들기 위해 인쇄된 종이 위에 가죽을 씌우고 화려한 디자인으로 키버를 제작한 아트북 등 쓰고, 남기고자 하는 모든 것이 연도별, 대륙별, 주제별로 펼쳐졌다.

　박물관 지하에 마련된 구텐베르크 작업장(Gutenberg Workshop)은 구텐베르크가 인쇄하던 장면을 그대로 재현해 보여주는 장소로 2시와 4시에 각각 시연 프로그램을

진행했다. 2시까지는 시간이 조금 남아 티켓 판매대 바로 옆에 있는 기념품 가게에서 옛 활자체로 인쇄된 엄지손가락만 한 크기의 셰익스피어의 희극 [뜻대로 하세요: As You Like It]와 마크 트웨인의 단편집을 샀다. 18세기의 화려한 알파벳으로 인쇄된 본문과 표지에 금색 띠를 두른 아주 작은 책들은 실제로 읽을 수도 있어 선물하거나 기념품으로 간직하기 좋았다. 그런데 기념품 가게의 카드단말기가 고장나 시간이 오래 걸리는 바람에 프레젠테이션 시작 시간을 놓치고 말았다.

지하로 내려가니 벌써 활판에 모든 글자가 올려져 압축기에 눌리고 있었다. 담당자인 미하엘은 프레젠테이션이 끝난 후 처음 부분을 다시 보여주고 싶다면서 자신의 작업실로 나를 초대했다. 그는 처음 박물관에 들어가 티켓을 구매할 때 내 걸음이 편치 않음을 보았던 모양이다. 오디어북 사용법을 가르쳐주고 프레젠테이션 시간을 알려주며 내가 정각에 시작하는 프레젠테이션 시간이 맞지 않아 2층 전시부터 보겠다고 했을 때 계단 사이에 있던 엘리베이터 위치를 알려준 후 무거운 출입문을 직접 열어주었을 뿐만 아니라 각 층 관리자들에게 엘리베이터 위치를 안내하도록 요청해 주었다.

우선 활자 모양을 뜨는 방법부터 시작했다. 모형을 주조기 밑에 놓고 납, 주석, 안티몬 등 금속 네 개를 녹여 부었다. 이때 녹인 금속의 온도는 327℃를 넘었다. 그는 모형을 들어내고 활자를 떼어내며 내 이름이 무엇이냐고 묻더니 활자 J를 만들어주었다. 그리고 이렇게 만들어진 알파벳 금속활자가 놓인 곳에서 책 내용에 맞게 활자를 거꾸로 배치한 후 책의 한쪽을 만들었다. 판을 검정, 빨강, 파랑 색으로 인쇄할 것들을 따로 모아 금속인쇄판에 놓은 다음 손잡이가 달린 가죽 인주로 판 별로 다른 색 잉크를 바른 뒤, 종이를 인쇄판 위에 놓고 덮개를 닫는다. 그리고 기계 안에 눈금까지 종이를 밀어 넣은 후 압착기를 가리키며 직접 손으로 밀어보라고 했다.

　"잘 알겠지만 인쇄에서 중요한 것들은 모두 동양에서 만들어졌지요. 종이는 중국에서, 금속활자는 한국에서. 한국 종이는 수백 년을 손실 없이 잘 버텨 오래 보관해야 하는 귀한 기록을 인쇄하기에 좋습니다. 하지만 무척 비싸기 때문에 시연에서는 인도 종이를 사용합니다. 옆 건물에서 종이 특별전이 열렸을 때 여기 직원들이 모두 가서 한국 종이를 만져 보고 거기에 직접 글을 써 보기도 했습니다. 그 주제에 관한 세미나도 들었지요."

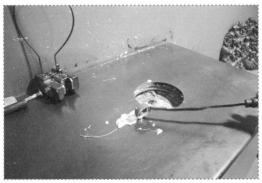

모형을 주조기 밑에 놓고 녹인 금속을 부어 활자를 만든 다음 책 내용대로
거꾸로 배열하여 종이 위에 올린 후 구텐베르크 시대에 만들어진
포도즙을 짜는 압축기로 힘을 가해 종이에 인쇄하는 과정을 재현하고 있다.

"이 프레스는 포도주 담글 때 사용하던 것입니다. 구텐베르크의 프레스는 아니고 같은 시대에 제작된 것으로 연도가 옆에 새겨져 있습니다. 포도즙 짜는 원리를 인쇄에 적용한 거지요. 구텐베르크가 전에 없던 무언가를 창조한 건 아닙니다. 활자, 잉크, 종이, 인쇄기 등 각각의 쓰임새를 연결하여 상호작용하도록 시스템화했다고 볼 수 있습니다. 하나의 기술을 개발했다기보다 여러 가지 기술을 결합하여 인쇄에 필요한 종합적인 시스템 전체를 구축한 거지요."

그러고는 나를 한참 쳐다보았다. 그는 어떤 말을 하고 싶어 하는 동시에 그 말을 꺼내는 데 주저하는 듯했다.

"우리끼리는 자주 하는 질문인데, J는 어떻게 생각합니까? 구텐베르크는 한국의 금속활자에 영향을 받았을까요? 한국이 최초로 금속활자를 만든 것과 구텐베르크의 인쇄는 어떤 관계가 있을까요?"

미하엘은 [직지심체요절]이 세상에 드러나기 전까지 마인츠 시민을 포함한 독일 사람들이 세계 최초로 금속활자를 창조한 조상들에 대한 자부심이 대단했다고 했다. 금속활자 기술을 한국에서 최초로 발명했음이 밝혀졌고, 전 세계에서 수많은 사람이 그 실물을 확인하려 프랑크푸르트에 숙소를 잡고 마인츠에 오지만 구텐베르크 박물관에서 한국인을 만나면 어찌할 수 없이 묻고 싶어진다고 했다. 나는 약간 호흡을 가다듬었다.

"최초로 무언가를 발명했다는 사실은 굉장하다는 말로는 충분하지 않을 만큼 중요하다고 생각합니다. 무엇이든 처음이 가장 어렵지 않습니까? 200년이란 시간은 짧은 세월이 아닙니다. 앞선 시간에 누군가가 너무나도 절박하게 책을 대량으로 효율적으로 인쇄하는 방법을 고민하고 실행에 옮기려 했다는 의미니까요. 한 사람이 길을 내면 그 뒤를 따르는 일은 길을 내는 일에 비할 바 없이 쉽습니다. 또 길이 뚫리면 예상치 못한 수많은 사람이 그 길을 걸을 수 있습니다."

그럼에도 구텐베르크가 조선의 금속활자에 관한 이야기를 들었느냐 아니냐는 중요한 문제가 아니다. 구텐베르크의 금속활자와 조선의 금속활자는 각각 다른 의미로 최초의 발명이다.

"조선은 금속활자를 최초로, 구텐베르크는 대량 제작을 최초로 발명한 것이지요. 당시 조선의 금속활자는 왕 주도하에 만들었고 당대에 인쇄한 문자는 대개 중국의 한자였습니다. 그런데 한자는 상상을 초월할 만큼 많았습니다. 오죽하면 중국인도 살아생전 모든 한자를 다 모르고 죽는다는 소리를 하겠습니까? 숫자가 많으니 금속에 활자를 얹혀 찍으려면 활자 모형이 엄청나게 많이 필요했습니다. 그래서 책마다 다른 글자들을 조합하여 하나의 판을 짜는 것보다 손으로 옮겨 적는 필사가 더 빨랐습니다."

실제로 조선과 중국에는 어렸을 때부터 교육을 받은 필사 전문가들이 있었다.

"한자는 금속활자로 인쇄하기에 적합한 문자가 아니었지만 한글은 금속활자로 인쇄하기에 더할 나위 없이 좋은 문자였습니다. 독일의 알파벳인 아베체처럼. 스물여덟 개의 조합으로 어떤 글이든 만들 수 있었으니깐요. 조선에서 책을 보던 사람들이 한글을 사용했다면 금속활자는 상용화되었을 겁니다."

그러나 역사에서 가정은 소용이 없다. 당시 조선의 지배계급은 기록을 할 때나 책을 읽을 때 금속활자로 인쇄하기에 적합한 한글을 사용하지 않았다. 또한 쉽고 사용하기 편한 글자를 모든 사람이 사용해야 한다는 생각이 절박하지 않았다. 지배계급이자 소수였던 지식인들은 오히려 글을 독점하고자 했다.

"효율적으로 인쇄하여 많은 사람이 책을 읽어야 한다는 필요를 느끼지 못했기 때문에 기술이 있었음에도 상용화에 관심을 두지 않았습니다. 반면에 독일에서는 더욱 많은 사람, 특히 지배계급이 아닌 사람들이 교회에서 읽어줘야 내용을 이해할 수 있는 외국어로 쓰인 성경책이 아닌 스스로 읽을 수 있는 독일어로 된 성경책을 갖고자 하는 마음이 너무나 간절했습니다. 구텐베르크는 평생 이 인쇄 때문에 빚을 지고 복잡한 계약에 묶여 가난으로 고통받았지만, 그 무엇보다 효율적인 인쇄와 책의 대량 보급이 필요하다고 생각했죠. 이 또한 아주 중요한 발명입니다. 인류의 삶은 하나의 의미만으로 맥락을 구성하지는 않습니다."

나는 유창하지 않은 영어로 천천히 아주 오랫동안 이야기했다. 기록, 출판, 도서관 분야에서 일하는 동안 조선이 최초의 금속활자를 발명했음에도 구텐베르크처럼 대량 인쇄로 나아가지 않았던 역사적 사실을 반영한 애증의 담론이었다. 공공도서관을 비롯한 기록과 책에 관한 대부분의 기기와 문화가 외국에서 들어왔다. 조선은 무려 12세기경에 벌써 놋쇠로 금속활자를 만들어 사용했다.

기술의 발달은 있었지만 책을 보급하려는 목적이 없었다. 지식은 공유되지 않았고 확장되지 않았다. 200년이나 지난 후였지만 유럽은 구텐베르크가 발명한 인쇄기술 덕분에 신문을 비롯한 각종 매체가 폭발적으로 증가해 1450년부터 1500년까지 반세기 만에 유럽 사회에서는 800만 권에 달하는 서적이 쏟아졌다. 1500년 전에 2,000만 권의 책이 인쇄되었다. 1500년 독일에는 이미 약 60여 개 도시에 인쇄소가 300여 개 있었다. 금속활자 기술을 지니고도 조선의 지식인들은 중국으로 오가는 무역상이나 사신단에게 부탁해 비싸게 책을 구입했다. 동시대에 마인츠 바로 옆 도시 프랑크푸르트에는 1480년부터 서적을 박람회(Tradefair)의 공식 상품으로 지정했고 오늘날 세계 최고의 도서전이 된 '프랑크푸르트 국제 도서전'을 개최했다.

중세에서 근대로 넘어가는 르네상스, 종교개혁, 과학혁명, 산업혁명은 모두 인쇄 발명 덕분이었다. 지식인이 그 사회가 필요로 하는 것, 더욱 많은 사람의 삶을 향상하는 일에 자신의 앎을 사용하지 않는다면 발명, 발견, 기술이 무슨 의미가 있겠는가!

복잡한 생각으로 프레스(압축기)를 밀었으나 끄떡도

하지 않았다. 미하엘은 "팔에 힘을 더하려고 하지 말고 몸을 먼저 앞으로 향해야 합니다."라고 일러주었다.

무게중심을 앞으로 두자 프레스가 움직이기 시작했다. 다시 뒤로 당겨 제자리로 돌려놓고 덮개를 열자 글씨들이 가지런하고 균일하게 인쇄된 종이가 드러났다. 미하엘은 종이를 꺼낸 후 잠시 빨랫줄 같은 것에 널었다가 돌돌 말아 끈으로 묶은 후 건네며 인사를 했다.

"하루가 지날 때까지 열어보지 마세요. 박물관에서 보낸 시간이 이 종이에 새겨진 글처럼 당신에게 오래도록 좋은 시간으로 기억되면 좋겠습니다."

수동 프레스를 비롯하여 15세기부터 17세기까지 사용한
많은 인쇄기를 보존하고 있다.

의궤를 찾으려다 [직지심체요절]을 발견한 박병선은 1975년 프랑스 국립도서관의 베르사유 별관 폐지창고에서 마침내 297권의 [외규장각 의궤]를 발견했다. 그러나 제국주의 시대 전 세계 식민지로부터 수많은 문화유물을 훔치거나 약탈하여 보관하고 전시했던 프랑스 국립기관이 순순히 의궤를 한국에 반환할 리가 없었다. 박병선은 언론에 먼저 이 사실을 알려 여론을 움직이려 했다. 그러나 프랑스 국립도서관은 그녀가 파리주재 한국 기자들에게 비밀을 누설했다는 이유로 사표를 요구했다. 박병선은 도서관을 사직한 후 매일 도서관을 방문하여 의궤의 내용과 가치를 정리했고, 40년 동안 반환운동을 주도했다.

박병선이 시작한 조선 의궤 반환운동은 한국과 프랑스만의 문제가 아니었다. 다른 불법 취득 문화재들의 반환을 야기하는 연쇄 고리였다. 끈질긴 반환운동으로 마침내 2011년 프랑스 정부는 '임대'라는 형식으로 타협을 모색했다. 프랑스 국립도서관 관장은 임대도 반환도 안 된다며 사직했다. 하지만 프랑스 문화부 장관 자크 랑은 "이 책들은 한국인들의 기억과 역사, 영혼에 속하는 것이다. 이 책들이 있어야 할 곳은 여기가 아니라 한국이라는 확신이 있었다."라며 '임대'를 최종 승인했다.

2011년 6월 11일 경복궁 근정전에서 [외규장각 의궤] 귀환 환영식이 열렸다. 암 투병 중이던 83세 박병선은 휠체어를 타고 참석하여 "이 도서가 영원히 한국 땅에 남도록 '임대'라는 말을 없애기 위해서 여러분이 손에 손을 잡고 오랫동안 노력하지 않으면 안 됩니다."라는 말을 남겼다.

2001년 9월에 유네스코는 [직지심체요절]과 구텐베르크의 성경을 나란히 세계기록유산으로 등재했다. 구텐베르크의 성경 초판본은 독일 구텐베르크 박물관에 있지만 [직지심체요절]은 여전히 프랑스 국립도서관에 있다.

마그리트 광장에는 마인츠의 유적지를 금속으로 만든 조각이
구텐베르크 박물관 방향으로 설치되어 있다.

모든 기록물은 정보를 담고 있다. 박물관에 전시된 유물과 유적의 역할이 과거를 기념하는 것뿐이라면 묻힌 이의 이름과 사연을 알 수 없는 무덤과 다를 바 없다. 보존기록물은 존재 자체로 무언가를 말하지 않으며 '해석'이 의미를 부여한다. 해석은 정보를 토대로 무언가를 발견하는 것이다. 박물관의 유물과 유적은 보여줌으로써 지식을 가르치는 것이 아니라 그 무언가를 발견하도록 자극한다. 박병선이 [직지심체요절]을 발견한 1970년대 한국은 6.25 전쟁으로 폐허가 된 상태에서 복구를 꿈꾸던 시기로 한국인들에게는 그 어떤 때보다 자존감이 중요했다.

공동체든 개인이든 자존감은 중요한 마음 상태다. 공동체가 보존하려는 모든 기록물은 어쩌면 공동체의 자존감을 생성하려는 시도라고 할 수 있다. 또한 기록물은 어떤 공간에 어떤 방식으로 있는가에 따라 정보를 읽는 방법이 달라진다. 그러므로 문서가 보관된 장소는 그저 수집품 하나가 어떤 공간에 있는가의 문제가 아니다. [직지심체요절]이 프랑스 국립도서관에 있든 한국의 국립도서관에 있든 세계에서 가장 오래된 금속활자 인쇄본이라는 사실에는 변함이 없다. 그러나 어디에 있느냐에 따라 [직지심체요절]의 역할과 의미가 달라진다. 프랑스 국립도서관에서는 '인쇄 발달의 세계사'라는 주제 서가에서 한국이라는 한 공간을 설명했다면, 한국 국립도서관 서가에서는 '한국 사람들의 삶과 경험을 토대로 한 지식이 어디에서부터 출발하여 어디로 향해 가는가?'라는 흐름을 보여주는 역할을 할 것이다.

박병선이 인생을 걸고 '기록물'을 찾고자 했던 이유는 그것이 최초의 증거물이었기 때문은 아닐 것이다. 기록물의 원천자료는 그것을 생산한 사람들 가운데 존재해야 한다. 그 안에 사람들의 경험이 축적되어 있기 때문이다.

과거는 현재를 사는 우리의 생각에 계속 영향을 미친다. 과거의 경험인 역사를 공부해야 하는 이유다. 손에 손을 잡고 오랫동안 노력해야 한다는 박병선의 말은 기록물의 물질적 반환보다 과거를 새롭게 해석하고 끊임없이 현재 우리에게 필요한 지식이 무엇인지 물어봐야 한다는 의미일 것이다.

우리의 과거가 왜 세상을 떠돌아다니고 있는지, 그것이 어디에 보존되어 있는지, 누구에게 그러한 결정을 내릴 권리가 있는지 생각하라는 의미일 것이다. 역사적 경험의 증거를 생산한 공동체 안에서 그것을 보존하려는 노력의 길에 '쓰인 것들'은 중요한 푯대가 되기 때문일 것이다.

일본의 기억 공간

#그림자 기억

　　연령이 다르고 지역이 다르고 문화가 달라 우리는 저마다 고유한 삶의 경험을 축적하며 살아간다. 모든 사람들이 각각 자신의 경험 기억만을 갖고 있다면 함께 살아갈 수 없을 것이다. 조직이나 공동체에는 개인의 생존, 구성원간의 원활한 소통, 공동의 목표를 위해 함께 기억할 것들을 학습한다. 교과서는 대표적인 학습 기억이라 할 수 있다. 그러나 한 사회의 학습 기억은 개별적인 사람들의 경험 기억의 총합은 아니다. 또한 학습 기억은 사건이 발생한 시간으로부터 멀어질수록 그것을 경험한 사람들의 기억보다 우세하게 작동한다.

　　6.25 전쟁을 경험하지 않은 사람들은 교과서나 영화 [태극기 휘날리며], [국제시장] 등으로 전쟁을 기억한다. 사회가 어떤 기억을 함께 할 '공유 기억'으로 선택하는가의 문제는 구성원들의 정체성과 소속감에 중대한 영향을 미친다.

　　오키나와에서는 일본 본토와는 달리 벚꽃이 붉게 핀다. 붉은 벚꽃 히칸자쿠라는 1월 하순경부터 피기 시작해 3월이 되면 꽃이 지고 새 잎이 난다. 오키나와 출신의

시인 다카라 벤은 초등학교 1학년 때 미군정부의 지배
하에 있으면서 일본 교과서로 배웠는데 새 교과서의 첫
쪽에 그려진 교문 옆에 만개한 벚꽃나무가 꽃잎이 분홍
색이며 그 꽃이 하물며 4월에 핀다는 설명을 듣고 어리
둥절했다. 결국 "벚꽃이 언제 피는가?"라는 시험문제에
"1월"이라고 답을 했다가 오답 판정을 받았다며 슬프게
말했다. 사회가 나의 경험 기억을 빈번하게 외면하거나
부정할 때 사회와의 관계를 맺기 어려우며 개인과 사회
는 이중의식을 지니게 되고 개인은 사회에 속내를 숨기
며 활자화 된 기록물을 신뢰하지 않거나 자신의 경험이
내밀한 공동체 밖으로 나가지 않도록 스스로 경계한다.

4장

아무 말도 하지 않는 유물과 유적

오키나와의 슈리성

슈리성은 일제식민지 후 학교로 쓰였다가 제2차세계대전 때는 일본군
32군이 총사령부로 사용했고, 폭격을 피하려고 성 지하에 벙커를 만들었다.
미군은 1945년 5월 25일부터 사흘에 걸쳐 총사령부를 포격했고
이로 인해 슈리성 전체가 파괴됐다. 1958년부터 복원을 시작했다.

동중국해와 필리핀해 사이에 화산섬과 산호섬 200
여 개가 줄줄이 이어져 있는데 규슈 남단 가고시마현에
서 타이완까지 징검돌처럼, 부채꼴로 이어진 그 섬들을
통틀어 류큐(Ryukyu)제도(또는 열도)라 부른다. 오키나와
현은 일본의 가장 남쪽 류큐제도의 섬으로 나하시가 행
정중심지이다. 나하항을 내려보는 언덕에 오키나와현
내 최대 규모의 성, 슈리가 있다.

슈리성의 기억 전달자 가마쿠라와 함께

언덕길을 오르다

세상에는 그곳을 여행함으로써 여행자를 변화시키는 이상하고 놀라운 장소가 있다. 내게는 일본의 오키나와현이 그랬다. 섬의 원주민들은 내가 알고 있던 일본인과는 많이 달랐다. 예전에 가 보았던 남태평양의 피지 사람들과 비슷해 보였다. 노벨문학상의 작가 오엔 겐자부로는 르포집 [오키나와 노트]에서 우리의 얼굴과 골격에는 지역적 특징이 담겨 있는데 그것이 매력이며 아름다움의 원천이라고 했다. 섬에 있는 동안 그곳의 생태적 특징이 사람의 형상에 어떤 영향을 미쳤는지 몹시 궁금하면서도 오키나와 원주민을 만날 때마다 '일본인이 아니네'라는 생각을 했다.

오키나와에 있는 동안 스시집을 여러 번 갔는데 가게마다 눈이 하얗게 덮힌 산의 사진이 걸려있었다. 오키나와는 아열대 기후지역이라 겨울에 춥기는 해도 눈이 내리지 않는다고 들었는데 저렇게 하얗게 눈이 내린 곳이 대체 어디인지 물었더니 일본의 후지산이라고 했다. 왜 스시집에 후지산 사진이 있냐고 했더니 스시는 오키나와 음식이 아니고 일본의 음식이기 때문이라고 했다.

일본에 갔는데 그곳에 살고 있는 사람들은 일본인 같지 않고 일본의 대표음식인 스시를 팔면서 자신들의 요리는 아니라고 했다. 계산을 하는데 점원이 2,000엔 지폐를 거슬러주며 드문 돈이라 행운이 있을 것이라고 했다. 일본에 오기 전 여행지에 관해 공부를 하다 일본 화폐는 우리와 달리 소설가나 과학자의 초상이 그려져 있다는 사실을 알고 신기했다. 새 지폐를 받을 때마다 이 인물은 누구인지 무엇 하는 사람인지 물어보곤 했는데 2,000엔 지폐에는 성문이 그려져 있었다. 오키나와의 슈리성이라고 했다. 직원은 오키나와가 일본에 반환된 지 20년이 되었지만 하나의 일본으로 잘 되지 않아 일본 본토가 슈리성을 복원하여 오키나와에 선물했고 이 돈은 그것을 기념해 발간된 한정판 지폐라 자신들은 행운의 돈이라 부른다고 알려주었다.

'반환'과 '하나의 일본' 그리고 '선물' 이라는 말이 굵직하게 들렸다. 일본어와 일본 화폐를 사용하지만 일본을 우리나라가 아닌 본토라고 부르는 이곳은 어디이며 이곳의 사람들은 누구인가?

1921년 봄, 동경 출신의 20세 미술교사 가마쿠라 또한 오키나와 현으로 발령을 받았을 때 그곳을 일본의 어느 지방 중 하나라고 생각했다. 그러나 나하항에 내렸을 때 도시 이곳저곳마다 태양 아래 붉게 빛나는 데이고(오키나와 현화)와 히비스커스 꽃의 강렬한 색과 해발 136m 언덕 위 오래 된 성에 얹힌 주황색 기와는 너무나 낯설었다. 오키나와의 집과 사람들 그리고 건축물, 예술품, 일상의 물건들의 색은 그 동안 보고 자란 일본의 문화와 완연하게 달랐다. 젊은 미술교사는 슈리성 언덕을 오르내리며 이국적인 풍광 안으로 들어가 그곳 세상을 알고자 했다.

오키나와는 200년 전만 해도 류큐라는 이름의 독립된 하나의 왕국이었다. 삼국으로 나뉘어 있다가 1429년에 중산국으로 통일하여, 근대적 의미의 국가를 세웠다. 조선에는 류큐왕국과 관련하여 두 번의 인상적인 기록이 있다. 1477년에 제주도 어민이 풍랑에 길을 잃고 해류를 따라 흘러가다 류큐왕국의 요나구니섬에 표류했는데 이때 섬 사람들이 도와 무사히 조선으로 돌아왔다. 조선왕조실록에는 돌아온 어민이 보고 들은 내용을 기반으로 류큐왕국에 대해 "나하시장이라는 곳이 굉장히 크고 화려하게 열리는데 수많은 아시아 상인들이 배를 타고 이곳에 와서 물건을 사고 팔아 왕래가 끊이지 않는다.”라고 소개하고 있다. 두 번째 기록은 임진왜란 때 일본이 조선을 침략하려 류큐왕국에 조선 원정 군사를 요청했는데 '다른 나라를 침략하는 데 우리의 힘을 사용하지 않는다.'고 거절했다는 내용이다.

조선의 기록에 따르면 류큐왕국은 동남아시아의 중계무역으로 활기찬 섬나라였고 무력침공을 좋아하지 않는 독립적인 국가였다. 그러나 제국주의 시대 프랑스, 미국, 영국 등이 독립국이 아니면 국가가 아니라 규정하며 국가에 미치지 못하는 홀로 있는 섬들을 식민지화 할 때 일본은 1609년부터 세 차례 오키나와를 침공하여 결국 1879년 강제로 병합, 왕국을 멸망시키고 일본의 오키나와현으로 변경했다. '류큐 처분'이라 부르는 이 침공으로 일본보다 대만과 더 가까우며 중국 남쪽 해류가 지나는 수백 개의 작은 섬들로 이루어진 류큐열도는 일본의 영토가 되었다. 일본의 대 아시아 침략의 시작이었다.

일본은 류큐를 병합한 후 오키나와 현지 언어를 사용하지 못하도록 하고 학생들은 일본 교과서로 배워야 했으며 황국신민으로 하나의 일본인이라는 정체성에 강제 편입되어야 했다. 가마쿠라가 오키나와현의 현립 제일여자고등학교 미술교사로 부임했을 당시 왕국의 왕족들은 슈리성에서 쫓겨나 본토와 섬에 강제 분리된 채 살고 있었고 귀족들은 왕의 몰락과 함께 집과 생활용품을 팔고 나하시로 옮겨가 월급쟁이 직장인이 되거나 시골로 낙향해 농부가 되었다. 사람들이 살지 않자 류큐 시대의 대표 공간이었던 슈리성은 빠른 속도로 허물어졌고 성 주변의 마을들도 대부분 비어 있었다. 가마쿠라는 류큐라는 세상이 사라지는 마지막 문턱에 도착한 외지인이었다가 20년 후 제2차세계대전으로 완전하게 사라진 슈리성을 복원하는 '기억 전달자'가 된다.

슈리의 언어는 일본어와 닮은 부분도 많았으나 그 어떤 것도 이해하기 어려울 만큼 세세하게 다르기도 했다. 가마쿠라는 하숙집의 주인 자마미가(자마미가문은 오키나와 귀족이었는데 류큐 남성들이 배를 타고 일본 본토나 중국 등으로 떠날 때 그들의 무사귀환과 안녕을 빌며 노래하고 춤추던 전통 예술인 '우두에'를 레코드판으로 제작해 오키나와 전통 가요와 민요를 다음 세대로 전달하는데 중요한 역할을 했다)의 소개로 오키나와 귀족 중 한 사람이었던 이의 집에 직접 찾아가 슈리 언어를 배웠다. 1921년부터 1923년까지 약 2년 동안 민요와 오키나와 자연환경을 문양으로 한 섬유공예, 일상을 그린 그림과 일본, 중국의 양식이 조금씩 결합한 건축 등을 조사하고 기록으로 남겼다. 그의 부인은 그림을 그렸다.

그는 부임기간이 끝난 후 동경으로 갔다가 다시 오키나와에 왔다. 이번에는 일본의 학술연구지원재단의 지원을 받아 1936년 말까지 총 다섯 차례 체류하면서 주변 섬까지 샅샅이 조사했다. 슈리성 철거 계획을 신문을 통해 알게 된 후 건축가 이토 주타와 함께 반대운동을 했다. 제2차세계대전 중 도쿄대공습으로 살던 집이 무너지는 급박한 상황에서 오키나와를 현지 조사한 후 썼던 81권의 필드노트와 수많은 고문서 필사본, 복사본, 1,236장의 유리 건판, 1,296장의 사진, 1,114점의 빈가타(오키나와 전통 염색물), 627점의 기레지(빈가타 천으로 옷을 만들고 남은 자투리 조각) 등을 들고 방공호로 갔다. 그가 보존한 기록의 치밀함과 방대함은 경이로운 수준을 넘어섰으나 당시 일본에서는 류큐의 오키나와에 주목하는 이가 없었다. 외지인이 류큐를 기록하는 사이 정작 류큐 시대에 살았던 기억 보유자들은 소멸하고 있었다.

1945년 오키나와는 제2차세계대전 중 태평양 최대 격전지였다. 주민의 1/4인 12만 명이 사망하고 주거지의 대부분이 파괴되었다. 종전 후 오키나와는 미국에게 이양되었다. 미군정은 27년 동안 오키나와를 점령했다가 1972년 일본에 반환했다. 도쿄대공습 때 살아남은 가마쿠라는 오키나와가 일본에 반환되려는 시점에 1920년대 조사 결과를 정리하기 시작했고 자신이 찍은 400점의 오키나와 사진을 '50년 전의 오키나와' 전시회에 출품했다. 일본 정부는 미군정으로부터 반환 20주년을 기념하고자 슈리성을 복원하기로 했고 가마쿠라의 기록은 복원의 기초자료가 되었다. 드물어 귀하다는 2,000엔 지폐를 들고 언덕길을 힘겹게 오른 여행객의 눈에 복원된 슈리성은 높고 장대하고 아름다웠다.

해발 100m에 위치한 슈리성에서 나하시 전체가 보인다.

복원과 그림자 기억

구스쿠(城, 御城, ぐすく)는 류큐제도에 약 12세기부터 축초된 성 또는 요새를 말한다. 오키나와현 내에는 약 300여 개 이상의 구스쿠가 있다. 구스쿠는 일본 본토의 성곽과도, 중국이나 유럽의 성과도 다르다. 대부분의 구스쿠가 요새, 공동촌락터, 지역 주민의 신앙 대상인 성역으로서의 특징을 갖고 있지만 아직도 구스쿠가 요새였는지, 고대 공동촌락터인지, 성역인지에 대해 정확하게 알지 못한다. 다만 구스쿠에서 발굴된 요새를 통해 철기시대와 농업혁명이 도래하여 국가 형성이 촉진되었음을 짐작한다. 슈리성은 오키나와현 내 최대 규모의 구스쿠이다.

1429년에서 1879년 류큐왕국의 중심이었던 류큐성은 1945년 전쟁으로 모든 기록물과 함께 불에 탔다. 류큐 귀족들이 성에 오를 때 걸었다던 바닥이 돌로 된 10km의 슈리킨조초 이시다다미길은 전쟁으로 파손되어 약 300m 정도만 남아 있었다. 성 앞에 첫 번째 문이 2,000엔 지폐에 새겨진 슈레이몬(守礼門)이었다. 문의 상단에는 류큐의 국가이념인 '예를 지키는 나라'라는 의미의 한자가 적혀 있는데 류큐 사람들은 이 문을 이이노아

야죠우(上の綾門)라고 해서 '위에 있는 아름다운 문'이라고 불렀다.

키타나카구스쿠 마을 안에 자리한 나카무라가 주택이다.
19세기 세워진 부농의 집인데 태평양전쟁 때 슈리의 가옥 대부분이 불탔음에도 살아남았다. 안채, 별채, 화장실 등의 주택 양식이 그대로 남았다.

슈리성은 성터만 2000년 유네스코 문화유산으로 등재되었다.

슈레이몬 옆에는 이 문이 16세기 쇼신왕 시대 지어졌고 전쟁 중 소실돼 1958년 복원했으며 성터만 2000년 유네스코 문화유산으로 등재되었다는 글과 옛 규모를 파악할 수 있는 거대한 그림이 있었다. 슈레이몬 뒤쪽에 있는 석문과 일대의 숲은 소노햔 우타키(園比屋武御嶽)다. 오키나와의 정통적인 마을에는 나무가 울창한 장소인 우타키(御嶽)가 여러 곳 있다. 오키나와 사람들은 매년 정월에 우타키와 구스쿠를 순례하며 참배한다. 자연숭배와 조상숭배가 통합된 큐류의 독특한 성역인 우타키에는 모든 것에 신이 존재한다. 신성한 땅으로 제를 지내는 여성만 출입할 수 있는데 성내에는 열 곳의 우타키가 있다. 슈리성 성곽 내 남쪽의 울창한 숲인 게오노우치(京の内)는 슈리성의 발상지로 국가적 성지이다. 신녀들이 이곳에서 제사를 지냈으나 이제는 어떤 내용으로 제를 지냈는지 알 수 없다. 류큐의 왕들이 외출할 때마다 나라의 안녕을 기원한 소노햔 우타키는 석문만 복원된 채 닫혀 있었다.

슈레이몬을 지나 본관 쪽의 칸카이몬으로 가기 바로 전에 있는 소노햔 우타키.
류큐 석회암으로 만들어진 석문과 주변의 신성한 땅을 의미한다. 류쿠의 왕들이
외출할 때마다 나라의 안녕을 기도했다. 전쟁 중에 부서져 석문만 남았다.

스이셴몬 돌계단 아래에 '경사스러운 샘물'이 흐른다.

'로코쿠몬(漏刻門)'이라는 물시계 문이 나타난다. 시간을 재고
북을 치면 양쪽 망루에서 이를 듣고 종을 쳐서 시간을 알렸다고 한다.
로코쿠몬 정면에는 '니치에이다이(日影台)'라는 해시계가 있다.

  왼편 언덕길로 '경사스러운 샘물'이 흐르고 그 위로
높다란 계단 끝에 스이센몬(瑞泉門)이 있는데 슈리성에
서 관광객이 가장 오래 머무는 곳이다. 이곳에 서면 성곽
의 돌담 아래로 바다가 보인다. 길고 높은 계단에서 수많
은 사람이 인증샷을 찍고 슈리성 관광카드에 방문스탬
프를 받았다. 스이센몬을 지나 왕이 집무를 보던 세이덴
(正殿, 정전)에 이르면 온통 붉은색의 세상을 만난다. 마당
의 돌은 물론 건물도 거대하게 붉다. 신발을 벗고 들어간
정전 안은 옛 건축 기법 그대로 못을 사용하지 않고 나무
와 나무를 맞물려 기둥을 세워 복원했는데 안내자는 아
직도 나무 향이 가득하다고 자랑했다.

국왕이 머물렀던 세이덴과 관료들의 업무동이었던
호쿠덴(남전과 북전)은 류큐왕국 최대 목조건물이었다.
(2019년 10월 30일 화재로 유물, 유적과 함께 소실되었다)

류큐 시대 제작된 미술품이 세이덴 오른쪽 남전과
번소에 전시되어 있지만 전쟁 당시 화재로 대부분이 소
실돼 유물이라고 말할 수 있는 것이 거의 없었다. 미닫이
문 안에는 왕비가 입었다는 옷이 몇 벌 벽에 붙어 있고
왕이 집무를 보던 곳에는 커다란 금빛 의자와 류큐 시대
외국 사신들이 사열하는 모습을 재현한 모형이 놓여 있
었다. 방과 방 사이에는 가마쿠라가 기록한 류큐 시대가
영상물로 전시되어 있고 방들이 꺾이는 지점마다 작은
정원이 있어 창으로 푸른 하늘이 보였다.

성을 나와 점심을 먹으려고 내려가는 길에 커다란
연못 위 아름다운 정자가 있었다.

왕의 산책로인 류탄길의 당집 : 조선 왕이 보낸 방책장경(고려판대장경)을
보관하기 위해 1502년 이곳에 당집을 만들었다. 당집은 1609년 외부침략으로
파괴되고 고려판대장경도 분실됐다. 이후 1621년 당집을 새로 짓고 물의 신
벤자이텐을 모시면서 이름을 벤자이텐도우라고 부르게 됐다.

왕이 산책하던 길, 류탄이었다. 설계를 할 때부터 백성들도 연못을 함께 즐길 수 있도록 성밖까지 연결해 만들었다고 하지만 일본 본토에서 수학여행을 온 중·고교 학생들과 중국인들 중 여기까지 내려와 보는 이가 거의 없었다. 10월말 오키나와 사람들은 이 연못 주위에 촛불을 밝히고 슈리성 축제를 연다고 했다. 차를 타고 성 남쪽으로 10여 분 내려가면 슈리성과는 전혀 다른 건축양식과 색을 지닌 제2의 왕궁이 있다. 조공을 바치던 중국에서 사신이 올 때 자신의 나라가 작은 섬이 아닌 넓은 대륙처럼 보이도록 어디에서 보아도 바다가 보이지 않는 곳을 선정해 지었다고 하는 시키나엔(識名園)이다. 류큐 전통 가옥인 우둔으로 지어졌고 이 또한 유네스코 문화유산으로 등재되었는데 대중교통으로 가기 어렵고 슈리성에서 걸어가기엔 먼 거리라 찾는 이가 거의 없었다.

류큐의 언어도, 공간도, 사람도 사라진 공간에 미군은 골프장과 군 기지를 세웠고 일본은 슈리성을 복원했다. 오키나와 사람들은 일본 반환 20주년에 대해서는 관심이 없었지만 슈리성 복원 소식을 무척 반겼다고 했다. 그러나 류큐 시대의 건축 방법에 따라 돌과 나무를 사용하고 가마쿠라의 기록물을 근거로 세심하게 복원했으나 슈리성은 영혼을 잃고 박제된 동물 같았다. 화려했던 무역왕국 시대의 성을 황금과 붉은색으로 재현했음에도 과거와 현재 오키나와 사람들의 삶과 어떤 연결고리를 갖고 있는지 설명하지 않았다.

박물관의 유물과 유적은 인간의 삶을 구성하는 여러 사건을 그냥 보존만 하는 것이 아니라 기리고 애도하고 시대적으로 적절한 의미를 부여하고 필요에 따라 재생시킨다. 이 기억의 재생과 환기, 치유의 과정들에서 사회 구성원들은 너와 나의 위치를 찾고 존재를 확인한다. 관람객 또한 그것을 보존하는 사회적 맥락 안으로 들어가 연대감과 소속감을 느낀다. 그런데 박물관의 유물과 유적이 그 상관관계를 맥락 없이 펼쳐 놓을 때는 그저 사진을 찍기에 좋은 풍광일 뿐이다.

　슈리성이 그려진 화폐를 건넨 스시집 청년은 섬에서 나고 자랐지만 오키나와 말을 할 줄 모른다고 했다. 생존자 중 오키나와 말을 할 수 있는 사람은 있지만, 그들과 대화를 주고 받을 수 있는 사람은 거의 없다고 했다. 태평양전쟁에서 오키나와 문자는 관광객이 넘치는 나하시 국제시장의 여러 숍에서 티셔츠, 컵 등의 디자인으로 존재했다. 슈리성에서 내려와 점심을 먹었던 식당은 류큐 시대 세워진 가옥을 식당으로 개조한 곳이었다. 마당을 향해 앉아 식사를 하다가 마당 한 켠에 자리한 커다란 두 그루의 벚나무를 보았다. 4월이라 일본은 벚꽃 축제가 한창인데 꽃이 하나도 없었다. 오키나와 출신 시인 다카라 벤이 말한 1월에 붉게 핀다는 히칸자쿠라였다. 마당은 모래를 가득 덮어놓고 작은 조약돌로 나선 모양의 큰 원을 두 개 그려 놓았다. 무슨 문양인지 물었더니 식당 주인은 나를 한참 쳐다보다 그저 문양이라고 했다.

류탄길 아래 가정집을 개조한 식당이다. 오키나와 벚나무
히칸자쿠라와 시샤가 지붕과 나란히 있다. 입을 크게 벌리고 있는 시샤는
수컷이고 입을 꾹 다물고 있는 것은 암컷을 상징하는데 수컷은 들어온
행운을 입으로 물고 암컷은 그 행운이 나가지 못하도록 꽉 가둔다는 의미다.
시샤를 지붕에 올려두면 집 안으로 들어오는 액운을 물리친다고 해
오키나와에서는 시샤를 부적이나 수호신으로 생각한다고 한다.

#잊으려는 애도

기억에서 가장 오래된 이야기는 살아남은 자의 통렬한 슬픔, 애도다. 우리는 돌이킬 수 없을 때 강렬하게 기억한다. 죽음은 결코 회복할 수 없는 상실이다. 죽음을 추모하고 제사 지내고 순례하고 기념하며 무엇을 잃어버렸는지를 깨닫는다. 이런 이유로 대개의 보존 기록은 '죽음의 장소'인 묘에 있으며 중세 수도원 성직자의 아침인사는 '죽음을 기억하라'는 뜻의 메멘토 모리(Memento Mori)였다. 그러니 무덤에 꽃을 뿌리고 관 위에 망자가 쓸 노잣돈을 놓으며 죽은 날을 기려 제를 지내는, 죽음에 관한 행위는 죽은 자를 위함이 아니다. 죽은 이가 편안한 곳에 이르도록 기원함으로써 살아있는 사람이 잘 살아가도록 죽음이 삶을 위협하지 않도록 하는 데 있다. 그러니 애도와 추모는 살아남은 자들의 편안을 위한 '잊으려는 몸부림'이며 비문은 산 사람이 죽은 사람에게 어떤 빚을 지고 있는가에 대한 고백이다. 죽음을 애도하는 사람이 많을수록, 그의 죽음에 빚을 지고 있다고 고백하는 사람들이 증가할수록 죽음은 애도에서 벗어나 순례가 될 수 있다.

충분히 슬퍼할 수 있을 때 무엇을 잃어버렸는지 인지할 수 있고 잊을 수 있으며 살아남은 사람들은 죽은 이와 거리를 확보하고 앞으로 나아갈 수 있다.

5장

애도할 수 없는 두 개의 무덤

오키나와의 아리랑 위령탑

오키나와 도카시키섬의 아리랑 위령탑 입구

　　일본의 오키나와 본섬에서 서쪽으로 약 40km 떨어진 게르마제도의 도카시키섬에는 충분히 알려지지 않아 애도할 수 없는 2개의 무덤이 있다. 하나는 최초로 자신이 위안부였음을 밝힌 배봉기(=최봉기, 1991 오키나와에서 사망)를 기리는 아리랑 위령비이고 또 하나는 오키나와 사람들의 집단 자결지 탑이다.

위안부 배봉기의 혼을 기리는 언덕에 오르며

아리랑 위령비에 가려면 오키나와 수도 나하시의 도마린항에서 페리나 고속선을 타고 1시간 30분을 갔다가 섬의 남산 정상 부근까지 택시를 타면 된다. 섬에는 셔틀버스가 있긴 하지만 아름다운 휴양 해변으로 유명한 아하렌 비치만 왕복하기 때문에 위령비까지 가려면 섬에 2대밖에 없는 택시를 타야 한다. 성수기인 5월부터 10월까지는 예약이 필요하다. 게르마제도의 섬 도카시키의 바다 색은 '게르마블루'라는 이름으로 따로 불리울 만큼 독특하게 아름다우며 깊은 바다까지 투명해 스킨스쿠버의 성지로 인기다. 오키나와 현지 가이드는 한국계 일본인이었으나 두 위령비의 존재를 몰랐고 여행 일정을 말하자 이곳 택시 사정이 좋지 않고 택시운전사가 너무 바빠 두 곳 모두는 다녀 올 수 없다 했다. 아리랑 위령비만 나녀 온 후 나하시로 돌아가는 배 시간이 될 때까지 아하렌 비치에서 점심을 먹고 놀기를 권했다. 일본말을 할 줄 몰라 한국인 가이드의 말을 들을 수밖에 없었지만 지도로 볼 때에는 아리랑 위령비와 집단 자결지는 바로 옆이어서 걸어가도 십여 분이면 갈 수 있을 것 같았다. 미리 예약을 하면 두 곳을 모두 볼 수 있을 텐데 왜 안 된다고 하는지 이해하기 어려웠다.

선착장에는 섬의 관광지가 표시된 커다란 지도가 붙어 있고 홀 가운데에는 섬 모형이 유리 진열장 안에 있었는데 국립청소년교류의집, 하프타임 사운드 비치 카페, 펜션 니라이카나이 등의 표시는 있었지만 아리랑 위령탑과 집단 자결지가 어디 있는지는 알기 어려웠다. 페리선을 타고 온 관광객이 모두 아하렌 비치로 떠난 후 조용해 진 선착장에 나타난 택시운전사는 햇볕에 많이 탄 혈색이 붉고 단단한 체격의 할머니였다. 아리랑 위령비를 향해 산 테두리를 타고 올라가는 동안 운전사는 섬에 대해 이것저것 알려주고 싶어 했다. 목적지만 안내하는 가이드였다면 그런 시도를 하지 못했을 것이다. 말도 통하지 않는데 섬에 대해 조금이라도 알려주려는 모습에 금방 낯을 가리지 않게 되었고 아리랑 위령비에 도착해 일행들이 모두 내린 후 그가 차를 후진해서 빼려 할 때 아리랑 위령비와 집단 자결지를 표시한 지도를 보여주었다.

한자로 표시된 집단 자결지 글자를 손으로 가리키며 혹시 이곳을 아는지, 가려면 어떻게 해야 하는지를 묻자 그는 나를 한참 동안 물끄러미 쳐다보았다. 이윽고 아주 긴 이야기를 했지만 짧게 알아들었다. '나는 시간이 있는데 너는 택시비가 있느냐'는 뜻이었다. 머리를 앞뒤로 힘차게 끄덕였다. 아하렌 비치에서 점심을 먹은 후 그곳 정류장에서 2시에 만나기로 했다. (한국에서 출발할 때부터 두 곳을 방문하려 했던 일행들은 택시운전사가 우리를 그곳까지 데려다 줄 수 있다는 말에 환호성을 질렀다. 하지만 가이드는 자신을 통하지 않고 직접 운전사와 이야기를 한 것에 격노해 개별적으로 그런 행동은 절대 안 된다고 해 아리랑 위령비에서의 대부분의 시간을 가이드에게 사과하고 화를 누그러뜨리는 일로 보냈다.)

오키나와 사람들이 위안부였던 배봉기의 혼을 달래고자 자금을 모아 만든 아리랑 위령탑은 바다가 잘 보이는 언덕에 있었다.

그들은 아리랑이 무슨 뜻인지는 몰랐으나 위안부의 노래로 기억했다.

"누나들이 <아리랑>을 불렀어."
"의미는 몰랐지만 우리도 그 노래를 기억하고 있어. 군기제인가, 육군기념일에 전통극을 했는데 거기서 위안부들이 <아리랑>을 불렀으니까. 3월인가, 5월께였을 거야. 그 연극에서 이 누나들이 <아리랑>을 불렀어. 무척 아름다운 음이어서 나도 기억해."

– 오키나와 미야코섬의 주민 리로토시(83세)

(2016년 2월 1일, 오키나와 미야코지마섬 아리랑 위령탑)

배봉기(1914-1991)는 1944년 가을 도카시키섬으로 끌려가 '빨간 기와집' 위안소에서 성노예가 되었다. 일본이 전쟁에 패한 후 오키나와는 미군정 체제가 되었는데 그녀는 일본말을 할 줄 몰라 조선으로 돌아가는 배 소식을 듣지 못한 채 도카시키섬에 체류했다. 호적이 없어 불법체류자로 강제퇴거 대상자가 되자 주민들은 그녀가 위안부임을 미군에게 이야기했다. 출입국관리사무소 담당관은 3년의 유예기간을 두고 취조를 통해 '위안부 증언'을 조건으로 특별체류허가를 내렸다. 조선총련의 김현옥이 통역을 도왔다. 배봉기는 '칼로 목을 콱 찌르고 싶은 심정'을 참고 구술 증언을 했으며 비로소 위안부의 존재가 처음 세상에 드러나게 되었다.

오키나와의 독립출판사는 그녀의 구술 증언을 토대로 영화(다큐멘터리)를 제작하고 인터뷰집 [빨간 기와집]을 출간했으며 당시 영화감독은 도카시키섬 주민들의 지원금으로 아리랑 위령탑을 세울 때 힘을 보태기도 했다. 아리랑 위령탑 아래 땅에는 일본의 도자기 작가가 직접 만든 꽃그림이 그려진 도자기 작품이 박혀 있는데 굽이치는 파도 같이 골이 깊은 산의 형태를 하고 있다. 위령탑에는 둥글고 파란 돌이 가운데 있고 '환생'이라 적혀 있었다. 꿈꾸었으나 불가능했던 '보통의 삶'이 다음 생에는 꼭 이루어지길 기도하는 마음, 영혼을 위로하는 다독거림, 탑을 구축하고 있는 여러 돌 틈 작은 흙속으로 강건하게 뿌리를 내린 여름꽃이 서너 포기 자라고 있었다.

오키나와의 도자기 작가가 직접 만든 꽃그림이 그려진
도자기 작품이 바닥에 펼쳐져 있다.

굽이치는 파도 같이 골이 깊은 산의 형태를 하고 있는 도자기언덕에
위안부의 영혼을 위로하는 오키나와 사람들의 글이 적혀 있다.

'환생'이라 적힌 위령탑

아리랑 비문

'지금 나는 어느 곳에서 어디로 가려는가. 나는 자신을
찾고저 아버님의 나라 어머님의 고향을 찾아가노라.
한줄기 원한의 그 길을 처음으로 고인들의 통곡소리
울려퍼주나. 어른들이여 아낙네들이여 나는 그대들의
원한의 품속에서 태어났노라.'
– 아리랑의 비문 중에서

그런데 왜 오키나와 사람들은 한국대사관도 한국 정
부도 위안부 가족도 외면한 어느 위안부의 죽음을 애도
하고 영혼을 달래고자 위령탑을 세웠을까?
섬 사람들은 오키나와 전투를 '철의 폭풍'이라고 불
렀다. 총알이 태풍 때 폭우처럼 쏟아졌기 때문이다. 제2

차세계대전 끝 무렵인 1944년에는 미래를 알지 못하는 보통 사람들이 보기에도 태평양전쟁의 승패는 미국에게로 확실하게 기울었다. 미국은 사이판 전투, 필리핀해 전투, 레이테만 전투에서 일본의 항모기동부대를 재기불능으로 빠트렸고 이제 태평양에서 원하는 장소와 시간을 정해 놓고 싸울 지경이 되었다. 그럼에도 항복선언을 하지 않자 미해군은 대만을 점령하고 중국에 상륙한 일본을 축출하려고 했으나 뜻대로 되지 않아 전쟁 종결지로 오키나와를 선택했다. 1945년 3월 26일 밤에 먼저 오키나와 서남쪽의 게라마제도를 급습, 일본 전함을 무력화시키는 작전을 감행했다. 섬의 남쪽 사람들은 섬의 제일 북쪽까지 미군을 피해 도망을 갔다. 전세가 불리해진 일본군은 섬 주민들이 미군에 생포되었을 경우 일본군의 동향을 발설할까 두려워 그들의 집단 자살을 부추겼다. 미리 주민들에게 수류탄을 나눠주고 미군이 상륙하면 죽기 전에 터트리도록 압박했는데 수류탄으로 죽지 못한 자들은 칼이나 면도날 몽둥이로 서로를 때려 죽거나 서로 목 졸라 죽고 죽이기를 강요했다. 사망자는 329명에 달했다.

'당시 사람들에게 군 관리들이 수류탄을 나눠주었으나 그 반 정도가 불량품이라 폭발하지 않아 죽지 못한 사람들은 부모가 아이를 죽이고 아들이 부모를 죽이는 경우도 빈번했다. 무기가 없어 농기구로 죽이기도 했다.'

– 도카시키 촌장 자마미 마사시게

세계에서 가장 아름답다는 게르마의 푸른 바다에는 당시 불발탄으로 남은 수류탄이 아직도 발견되고 있다. 집단 자결지는 내가 가져간 지도에서는 아주 가까워 보였지만 실제 섬은 두 개로 갈라져 있어 남섬 끝에 있는 아리랑 위령탑에서는 북섬의 남쪽에 있는 집단 자결지로 바로 갈 수 없고 아하렌 비치에서 왼쪽으로 크게 돌아서 가야 했다.

아리랑 위령탑에만 가지 않고 집단 자결지에도 가자고 해서였을까? 섬에 두 대밖에 없어 예약이 하늘에 별 따기라던 택시운전사는 그날 오후 페리선이 우리를 다시 나하시로 데려갈 때까지 자신의 시간을 모두 우리에게 내어 주었다. 산의 코너를 돌 때마다 바다 색깔이 미묘하게 바뀌었고 택시운전사는 그때마다 차를 세우고 전경을 충분히 볼 수 있도록 했다. 특히 전망대가 있어

망원경으로 멀리 섬을 볼 수 있는 곳에서는 차 시동을 끈후 휴대폰에 입을 대고 구글번역기로 "날씨가 좋은 날에는 한국을 볼 수 있다"고 했다. 아리랑 위령탑에서 집단 자결지까지 30여 분이면 간다고 했는데 중간중간 서서 바다를 보느라 1시간이 훌쩍 지난 후에 국립오키나와청소년교류의집이라 적힌 커다란 철문 앞에 도착했다. 왜 이곳에 차를 세우는지 의아해했더니 이 안에 집단 자결지가 있다고 했다. 악착같이 숨기려는 곳을 몰래 방문하는 기분이었다. 철문을 열고 차를 들여보낸 후 다시 철문을 닫고 출발했다.

"이 문으로 식물과 동물이 지나다녀 오고 갈 때는 꼭 문을 닫아야 한다."고 설명했다.

커다란 신식 건물의 강당과 기숙사가 있는 청소년교류의집을 지나쳐 깊은 숲길로 가더니 아무것도 없을 것 같은 숲길 앞에 차를 세웠다. 그곳의 문 또한 닫혀 있었는데, 문을 열어주며 운전사가 말했다.

"이곳에서 우리들이 죽었습니다."

"미군이 부상자들을 발견하곤 그들을 치료했습니다. 그래서 많이 놀랐다고 합니다."

오키나와전투 중 최초의 집단 자살지였던 '도카시

키'에서 살아남은 사람들은 미군에 의해 치료를 받았다. 미군이 섬에 상륙하면 강간, 스파이 혐의, 고문, 식량 강탈, 방공호에서의 추방을 겪을 것이라며 죽음 이외에는 방법이 없으므로 자식을 먼저 죽이고 자결하려 했던 주민들은 미군의 치료에 놀라 말을 할 수가 없었다고 했다.

집단 자결지 토카시키촌 지정문화재
사적 집단 자결 유적지(2005년 지정)

3월 29일 육군 촬영병 알렉산더 로버스 하사는 섬의 북단으로 가파른 비탈길을 올라 노영을 하다 어둠 속에서 비명과 울음소리, 신음소리를 들었다.

그 소리는 이른 아침까지 계속되었다. 날이 밝아 2명의 정찰병을 보냈다가 총에 맞았다. 수류탄이 터져 불길이 오른 곳에 시체 또는 빈사 상태의 토카시키 주민 200여 명이 있었다. 옷을 찢은 천으로 목이 졸린 여자와 아이가 40명, 가는 밧줄에 목을 감고 밧줄 끝을 작은 나무에 묶어 목을 조른 여자도 있었다. 그녀의 가족은 목이 졸려 죽은 채 더러운 이불에 덮여 있었다. 수류탄으로 자살한 이가 수십 명이고 일본군의 시체가 6구 있었고 일본군의관들이 죽어가는 사람들에게 모르핀을 주사해 통증을 완화하고 있었다. 부상당한 일본인을 해안의 응급구호소로 옮겨 치료 후 회복한 토카시키섬 사람들은 일본군이 미국인은 여자를 폭행(강간)하고 남자는 죽여버린다고 말했는데 미국인이 치료를 하는 모습이 놀랍다고 말했다. 자기 딸을 죽인 노인은 회한으로 자신을 책망했다.

– 1945년 4월 2일 로스엔젤레스 타임즈

집단 자결지로 내려가는 산비탈길

집단 자결지 비문에는 오키나와현에서 세웠다는 글귀가 있었는데 운전사는 일본 정부가 아닌 오키나와현에서 건립한 것이란 말을 여러 번 되풀이했다. 또한 작년에 일본 국정교과서에서 '일본군에 의해 주민들이 집단 자살에 몰렸다.'고 적었던 부분에서 '일본군에 의해'라는 것을 빼도록 해 논란이 되고 있다는 말도 덧붙였다. 비석 뒤편으로 좁은 산비탈을 따라 숲 아래로 내려가면 가족들이 서로를 나무에 묶어 죽이고 죽였던 장소가 나왔다. 아무도 찾을 수 없도록 꽁꽁 숨겨 놓은 듯한 '집단 자결지'는 오키나와현 주민의 안내가 아니었다면 찾아가기 어려울 만큼 안내도 없고 입구도 따로 있지 않았다. '청소년 수련관' 건물 현관에도 그 안에 집단 자결지가 있다는 표시는 없었다. 우리나라의 한 여름 같은 오키나와 5월의 날씨에도 '죽음의 장소'인 숲길은 서늘하고 음습한 바람이 불었다.

택시운전사는 청소년 수련관의 철문을 열고 다시 닫으며 휴대폰에 입을 가까이 대고 "새벽부터 밤까지 울어야 했던 조선 여자의 집에 가보시겠습니까?"라고 했을 때 우린 모두 눈시울을 붉혔다. 그곳이 어디인지는 말하지 않았지만 이제 그가 가자고 하면 어디든 갈 판이었다.

차는 다시 푸른 바다 이곳저곳을 돌아 페리 선착장 가까이 내려왔다. 동네 골목에 차를 세운 택시운전사는 주황색 기와집 아래까지 걷다가 이곳이 '위안부'의 집이었다고 했다.

도카시키의 택시운전사는 구글번역기로 배봉기의 삶을 증언했다.

'외삼촌이 말하길 그녀는 우엉조림을 맛있게 하는
사람이었는데 해방 후에도 먹을 것이 없어 계속 몸을
팔았으며 아이 보기, 야채 장사를 했다.'

배봉기(=최봉기)가 미군정의 취조에 응하면서 밝혀진 고향땅의 형제들은 그녀의 존재를 부정했다. 최봉기는 가족들을 걱정해 출간된 인터뷰집 [빨간 기와집]에 자신의 성을 '배'라고 표시하기를 원했다. 그녀는 다시 고향에 돌아가지 못한 채 1991년 오키나와 나하시에서 죽었다.

조선에서 태어나 납치되어 남태평양의 섬에서 전쟁 성노예가 되었다가 전쟁 후에도 고향에서 환대 받지 못한 채 쓸쓸하게 죽은 한 위안부의 혼을 달래고자 오키나와 사람들은 위안부가 불렀던 노래에 등장하는 아리랑이라 이름 붙인 위령탑을 세웠다. 그녀와 같은 시기를 살았던 섬 주민은 조카(택시운전사)에게 자신의 기억을 들려주었고 또 조카는 처음 보는 관광객에게 휴대폰이 뜨겁게 달아오를 만큼 번역기를 돌리며 그 기억을 전달하려 했다. 자신의 할아버지, 할머니, 어머니, 아버지, 형제, 자매들이 일본군의 강압에 의해 집단 자결했고 또 다른 주민들은 그 전에 미군의 총에 맞아 죽은 대대적인 학살과 부상에 살아 남은 생존자임에도 바다 너머 멀리서 온, 자신들과 전혀 다른 언어를 사용하는 배봉기의 외로운 죽음을 슬퍼했고 그녀의 혼을 달래고자 했다. 그들의 삶이 조선인 위안부와 다르지 않다고 생각했기 때문일 것이다.

배봉기의 집

#기록물의 주어

　화자(말하는 사람)가 문장의 주어로 대개 어떤 것을 사용하는지를 살펴보면 그가 세상의 축을 어디에 두고 있는지 가늠할 수 있다. 호주와 파푸아뉴기니에 살고 있는 원주민 언어에는 인간이나 동물이 주어가 아닌 채로 사건을 설명하는 말이 많다. 예를 들어 암컷 바다거북이 알을 낳기 위해 땅을 파려고 애쓰지만 그 땅이 너무 굳어 있어 구멍을 파기 어려운 상황을 그들은 다음과 같이 말한다.

> '암컷 바다거북이 알을 낳으려는 시도를 땅이 수포로
> 돌아가게 했다.'
> – 아무도 모르게 사라지다/136쪽/글항아리

　바다거북이 알을 낳는데 제일 중요한 기준이 땅이라는 말이다. 주어가 달라지면 축이 변한다. 세상의 모든 이야기들은 언제 어디서 누가 무엇을 어떻게 왜 했는가를 말하고 있는데 기록물들 중에는 종종 '누가'를 말하지 않는 경우가 있다. 주어는 사건 인과관계의 핵심이어

서 주어 없이는 인과관계를 말할 수 없고, '왜'라는 물음
에 답을 하지 못하게 한다.

....

6장

전쟁 박물관의 문장에는 주어가 없다

오키나와의 히메유리 평화기념자료관

671 Ihara, Itoman, Okinawa, Japan

오키나와에는 이름이 비슷해 잘못 찾아가기 쉬운 전쟁 박물관이 아주 가까이 붙어 있다. 히메유리 평화기념자료관(ひめゆり平和祈念資料館)과 오키나와 평화기념공원(沖縄県平和祈念公園)이 그렇다. 가이드에게 히메유리 전쟁 평화기념관이라고 했음에도 대개의 외국인 관광객이나 단체 여행객이 가는 오키나와 평화기념공원이겠거니 생각했던 모양이었다. 그는 공원 입구에 우리를 내려놓고 1시간 후에 다시 집결하라고 했다. 하지만 주차장에서 기념관으로 걸어가는 동안 그 시간으로는 화장실도 다녀오지 못할 정도임을 알 수 있었다. 오키나와 평화기념공원은 아시아 최대 규모의 전쟁 박물관이었다.

제2차세계대전의 피로 얼룩진 오키나와

오키나와섬에 거대한 전쟁 박물관이 있는 이유는 앞서 말했듯이 이곳에서 가장 많은 사람이 사망했기 때문이다. 일본은 사이판 전투, 필리핀해 전투, 레이테만 전투에서 모두 패했지만 항복선언을 하지 않았다. 미국은 제2차세계대전을 종결지으려 1945년 4월 1일 오키나와에서 육상 전투를 개시했다. 당시 오키나와에 모인 미군 함대는 약 1,500여 척, 지상 전투부대만 18만 명, 해군부대와 보급부대까지 합치면 55만 명이었다. 미군은 빨리 오키나와를 점령하려 했고 일본은 미군의 진격을 늦추어 전쟁 후 교섭을 유리하게 가져가려 섬 내부의 험준한 요새로 미군을 유인하는 지구전을 선택했다. 6월 23일까지 83일간 치러진 오키나와 전투에서 미군 사망자는 실종자 포함 1만 2,520명, 부상자는 3만 1,807명, 일본군 사상자 수는 18만 8,136명(이중 민간인 12만 2,000명 포함)이 사망했다. (출처: 한중일 공동교과서 [미래를 여는 역사]) 조선에서 강제 연행되어 사탕수수밭이나 군에서 일하던 조선인과 위안부도 오키나와 전투에서 죽었다. 결국 오키나와 전투는 히로시마와 나가사키에 핵무기를 사용해 전쟁을 종결시키는 다른 비극으로 이어졌다.

푸른 오키나와 바다 옆으로 광활하게 펼쳐진 잔디와 오래된 나무들이 잘 조성된 오키나와 평화기념공원 안에 왼편으로 오키나와 평화기념자료관(沖縄県平和祈念資料館)이 있고 오른편에 평화의 비(平和の礎)가 있는데 약 20만 명의 비석이 있기 때문에 전사자를 찾으려면 자료관 안 중앙홀의 전사자 검색대를 들러야 한다. 그래야만 찾을 수 있다. 전사자들은 나라별로 분류되어 있고 국적이나 이름을 알 수 없는 이는 자료 분류 항목에 빈 채로 남아 있으며 여전히 분류 중이다. 강제 연행된 조선인 사망자 441명의 이름도 이 평화의 비에 새겨져 있는데 이름칸에 아무것도 쓰여있지 않은 비석들이 그 옆으로 수천 개 있다. 1972년 5월 15일 미군정 하에 있다가 오키나와가 일본으로 편입되면서 재일동포들도 비자 없이 오키나와를 오갈 수 있게 되면서 강제 연행된 조선인들의 실정 조사가 시작됐다. 약 2만 명의 연행자 중 1만 명이 오키나와 전투에서 사망했을 것으로 추정하지만 이것도 정확하지 않다. 400여 명의 전사자들의 이름도 처음에는 창씨개명한 이름으로 새겨졌다가 유족들이 항의하여 본명을 한글로 바꿔 새겨 넣었다.

제2차세계대전 오키나와 전투에서 최대의 격전지였던 마부니 언덕
일대에 세워진 오키나와 평화기념공원은 위령탑과 전쟁 희생자의 이름이
각인된 평화의 비, 평화기념자료관 등으로 구성되어 있다.

　　공원은 무료이고 평화기념자료관은 300엔의 관람
료를 받는데 한국어 오디오 서비스가 있었다. 첫 번째 전
시실에서는 지도를 먼저 보여주었다. 일본이 오키나와
를 병합한 후 세계지도에는 동중국해와 남중국해를 연
결하면서 태평양과도 맞닿아 있는 오키나와가 한 가운
데 있었다. 일본이 오키나와를 기점으로 중국을 비롯한
아시아를 향해 연도별로 어떻게 부챗살처럼 뻗어나갔는
지를 상세하게 보여주는 여러 장의 지도. 그 옆으로 우물
가, 마을 앞 정자, 소학교 등에서 무리 지어 일본어 교육
을 받는 사람들의 흑백사진 밑에 일본 황국신민이 되고
자 하나의 언어를 배우는 오키나와 사람들이라는 설명

이 붙어 있다.

다음 전시실에는 전쟁에 사용된 여러 군함과 폭격기, 탱크의 모습이 있고 부상병을 치료하는 여학교 학생들의 사진과 전쟁 중에 사망한 사람들의 얼굴만 모아 놓은 전시물이 있었다. 이어 살아 남은 사람들이 종전을 기뻐하며 쓴 편지와 시가 전시된 방과 전쟁으로 폐허가 된 오키나와의 복구 과정을 담은 사진들을 끝으로 모든 기록물은 마침표를 찍는다. 오디오는 여러 번 평화와 생명을 이야기하지만 어떤 문장도 '일본'이라는 주어로 시작하지 않는다. '전쟁은…', '전쟁이…'라고 말한다.

공원 규모가 너무나 넓고 아름다워서일까? 자료관 내 관람객은 거의 없고 대부분의 사람들은 잔디 위에서 가족 단위로 혹은 개별적으로 자유롭게 놀거나 단체 행사에 참여하고 있었다. 자료관 입구 왼쪽의 기념품 가게를 겸한 아주 작은 서점에는 전쟁 중 오키나와를 촬영한 미군의 사진집과 전쟁 전 오키나와를 촬영한 외국인의 사진선집이 나란히 놓여 있는데 마치 이곳이 정말 하나의 공간인지를 묻는 듯 했다. 찬란하다 못해 눈이 부시게 아름다운 푸른 바다가 광활하게 펼쳐지는 공원 한쪽에 전쟁의 참상을 담은 자료관과 20만 명의 사망자 비석이 나란히 있는 것이 마땅한가를 묻는 것처럼.

조용한 자료관에서 바다를 향해 넋을 놓고 있다 가려던 곳이 정말 이곳이 맞는가 라는 의문이 들었다. 일본어를 하지 못해 영어로 매표소에 물었더니 가까운 곳에 비슷한 이름의 자료관이 또 있다고 했다. 정확하게 확인하려고 한글 혹은 영문 카탈로그가 있는지 물었더니 직원이 배포용은 없지만 보관용으로 갖고 있던 영문 자료를 보여주었다. 영어 이름으로 두 곳 모두 평화박물관(Peace Museum)이지만 이곳은 오키나와 평화기념공원이고 가려던 곳은 히메유리 평화기념자료관이었다. 여학생들이 교복을 입고 있는 사진 아래 히메유리부대라고 적혀 있었다.

1945년 결성된 '히메유리부대'는 슈리성을 기록한 가마쿠라가 미술을 가르쳤던 오키나와 현립제1고등학교와 사범학교의 여학생들 300여 명으로 꾸려진 간호부대였다. 공식 기록에는 3월에 15세부터 19세였던 학생들을 전쟁에 투입했다가 전세가 좋지 않아 6월에 해산명령을 내렸다고 했으나 살아남은 사람들의 증언은 달랐다. 240명의 부대원 중에 130여 명이 일본의 자결 강요로 피신해 있던 동굴에서 사망했던 것이다. 동창생들은 생존자의 증언에 따라 학생들이 자결한 곳에 평화기념관을 세웠다.

히메유리 평화기념자료관

당시 야전병원 입구였던 곳에 동창생들이 기념탑을 세웠다.

히메유리 평화기념자료관은 오키나와 평화기념공원과는 차로 7분 정도 거리에 있었다. 오키나와 평화기

넘공원과 달리 동네 상가들 사이에 주차장도 없이 소박했지만 관람객들은 매표소 건너편 꽃집 앞에 줄을 지어 헌화할 꽃을 샀다.

입구 왼쪽과 건너편에 70m 정도의 지하동굴이 두 개 있는데 교사와 학생들은 이 동굴에서 집단 자결했다. 동굴 아래가 훤히 내려다 보이는 곳에 위령탑이 있고 아름드리 높은 나무들이 줄 서 있는 길 끝에 자료관이 있었다. 전시관 입구 왼편에는 보라색 꽃 넝쿨이 이루 말로 할 수 없을 만큼 아름다운 색으로 피어있고 사각의 사료 전시관 중앙의 마당에도 형형색색의 꽃들이 피어있었다.

홀 가운데에는 히메유리의 비극을 묘사한 그림책과 오키나와 사람들이 독립출판한 여러 관련 책들을 전시 판매하는데 한국어판이 따로 있었다(오키나와 사람들은 자신의 삶을 담은 수많은 책을 독립출판하고 있었는데 도쿄의 제일 큰 서점에는 오키나와 서가만 80칸이 넘는다. 류큐 시대의 노래와 신화, 전설뿐만 아니라 조선 위안부의 삶에 대한 기록도 함께 있다. 2017년에는 홍영신이 쓴 [조선 위안부와 전장의 기억]이 오키나와 출판대상을 수상했다).

첫 번째 전시실은 전쟁 전 학교에서 수업을 받던 학생들의 모습과 군인들을 치료하는 학생들의 사진 그리고 동굴에서 시체로 발견된 아이들의 모습이 나란히 있다. 두 번째 전시실은 사망한 학생들이 교복을 입고 환하게 웃는 얼굴이 한 장씩 커다랗게 걸려 있는데 나도 다른 관람객들도 자신도 모르게 울음을 터트렸다. 아이들의 눈과 얼굴에서 뿜어져 나온 유쾌하고도 발랄한 기운 때문이었다.

희생된 학생과 교사 204명의 사진

히메유리 평화기념자료관은 30분 정도면 충분히 돌아볼 만큼 아주 작았다. 그러나 실제 '죽음의 장소'였던 만큼 자료관을 찾은 사람들은 오직 애도한다. 마당의 노랗고 푸르고 붉은 꽃들과 하얀 햇살은 생기있게 빛나던 학생들의 눈빛과 붉은 뺨을 향해 있다. 아득하고 어두운

동굴 앞 위령탑에 꽃을 놓은 어린 학생은 아버지의 손을 잡고 한참을 서 있었다. 꽃을 놓으려고 기다리는 사람의 슬픔도 오래되고 깊고 충분했다.

'오키나와의 꽃' 데이고 나무 아래 위치한 기념탑에 헌화하고
오랫동안 기도하는 소년

자료관 크기의 문제는 아니었을 것이다. 전시관이 실제 죽음의 장소에 있느냐는 문제도 아니었을 것이다. 오키나와 평화기념공원에는 거대한 서사와 방대하고 생생한 기록물들, 영원불변의 진리인 평화에 관한 담론은 있었으나 남의 이야기처럼 말하고 있었다. 전쟁을 일으킨 주체에 대해 말하지 않으니 전쟁을 변호하며 평화를 판매하는 것 같았다. 전쟁의 원인을 말해야 전쟁 피해자들의 죽음을 슬퍼하고 충분히 애도하며 상실의 좌절과

미군 상륙과 남하로 일본군 사상자가 급증하자 이곳 육군병원에 배속된
학생들은 간호와 물 받기, 밥 짓기, 시신 매장 등의 일을 하다 동굴로 이동과 해산
명령을 받은 후 전쟁터 여기저기를 헤매다 가스탄, 수류탄으로 목숨을 잃었다.

류큐왕조의 공주였던 이가 슬픔의 시를 지었다.

고통이 그의 것이자 나의 것이 될 수 있다. 주어가 없는 이야기를 나의 이야기처럼 공감하며 듣지는 못한다. 히메유리의 전시관은 머리가 검고 작은 볼우물이 패는 여학생을 소멸시킨 '주어'가 너무나 명백한 전쟁을 말했다. 전쟁으로부터 멀리 태어난 어린 학생들은 별 생각 없이 전시관에 들어왔다가 다시 매표소 입구로 돌아가 제 돈으로 꽃을 사서 방공호가 보이는 위령탑에 놓고 오랫동안 기도를 한다. 관람객들은 가만히 줄을 서서 다른 이의 애도를 기다린다. 이야기의 '주어'는 세상의 축이 무엇인가, 혹은 세상을 움직이는 주체가 무엇인가에 대한 생각을 보여주며 인과관계를 설명하기도 하지만 그 사람이 내가 될 수도 있다는, 너의 이야기가 나의 이야기가 되는 '공감'의 실체이기도 하다.

한국의 기억 공간

#깊고 두터운 서사(Description)

　호주 정부는 원주민을 살던 곳에서 추방하여 다른 곳으로 이주하게 하고 아이들을 강제로 수용소나 고아원에 감금하거나 백인가정에 입양시키는 '원주민 아동 제거정책'을 실시했다. 땅과 강물에 삶의 경험을 반영한 이름을 짓고 살았던 원주민들은 낯선 곳에서 이내 언어사용법을 잃었다. 1967년에 헌법을 개정하고 원주민이 참정권을 얻은 후 호주국립기록청이 원주민 인명색인 작업을 했는데 정작 원주민들은 그 기록에서 자신이나 가족 구성원들의 이름을 찾는데 어려움을 겪었다. 자료를 수집하고 기록을 담당했던 사람들은 원주민의 고유한 삶을 기반으로 형성된 언어로 기록물을 서술할 수 없었다. 또한 호주 원주민의 삶을 기록한 기록보존소(아카이브)를 원주민들이 이용할 것이라고도 생각하지 못했다. 이후에 원주민이 직접 참여하여 진행된 원주민 소수 언어기록화 프로젝트의 이름은 '우리의 말이 안전하게 해안에 닿기를(Made for Our Words to Beach Safely)'이다.

　언어는 단순히 표현되는 것이 아니다. 언제 어디서 누가 무엇을 어떻게 왜 했는가에 대한 이야기다. 기록은 기록의 대상인 사람들의 경험과 기억이 무엇을 말하는지 충분히 말할 수 있을 때 비로소 존재한다. 동시에 그들의 언어로 쓰여진 기록을 다른 사람들이 읽고 이해할 수 있을 때 사실은 진실로 건너간다.

7장

평면의 사진이 말하는 입체적인 삶

전라북도 진안의 사진문화관

다큐멘터리 사진작가 이철수의 기록

전라북도 진안은 인구가 3만 명이 되지 않는 아주 작은 지역임에도 '용담댐'이라는 같은 주제의 전시가 진안 역사박물관, 한국수자원공사 물문화관, 사진문화관, 공동체박물관 계남정미소 네 개의 공간에서 전시되고 있다.

댐 건설로 사라진 마을을 기록하다

"버스가 산 모퉁이를 돌아갈 때 '무진 Mujin 10km'라는
이정비(里程碑)를 보았다. 그것은 옛날과 똑같은
모습으로 길가 잡초 속에서 튀어나와 있었다."

안개도시 '무진'을 이야기하는 김승옥의 소설 [무진
기행]의 첫 문장이다. 휴가로 진안에 갔다가 숙소 동네
에 자욱한 안개를 보고 이 글을 읽기에 좋은, 아니 이곳
이 무진임에 틀림이 없다고 생각했다. 버스 뒤를 따라 모
퉁이를 여러 번 감아 도는 벚나무길이 바다 같은 호수길
로 이어져 그 위로 안개가 끝없이 올라오는 모습을 보았
을 때는 어쩌면 이곳 아이들은 유년 시절 겨울밤, 호수의
안개로 눈을 만드는 요정 이야기를 듣고 자랐겠구나 상
상했다. 하지만 그럴 수는 없었을 것이다. 진안의 안개를
만드는 용담호는 진안고원 아래 아이들이 고향을 모두
떠난 후 1992년도에 착공하여 2001년에 완공된 댐에 의
해 만들어진 인공호수이기 때문이다.
　진안고원에서 장수군 장수읍 수분리 신무산의 뜬봉
샘에서 시작한 금강은 충청남북도를 돌아 흐르다 강경

에서 내려 무주에서는 무주구천을, 영동에서는 양단팔경을 부여에서는 백마강을 따라 흐르고 군산항에서 바다로 갔다. 전주, 군산, 익산 등을 비롯한 전라북도 지역은 금강 하류인 공주 금강에서 생활, 공업, 농업용 물을 끌어 사용했는데 충분하지 않았다. 일제강점기인 1936년도부터 6개년 조사 사업을 했을 때 154개소 조선수력발전지점망 속에 용담댐이 포함되었다. 1945년까지 측량을 완료하고 수몰 지역 내 용지 매수까지 완료했다. 해방이 되어 매수했던 토지는 1950년대 무상 반환했다가 1966년에 건설부에서 용담댐 일대를 다시 조사하여 수몰 지역민의 이주대책을 세웠지만 국토종합개발계획 중 4대강 유역이 종합개발에서 제외되며 청주 대청댐만 건설되었다. 1988년에 타당성 조사가 실시되고 1990년 12월에 실시 설계에 들어가 1992년에 용지 매입과 보상이 시작되었다. 댐 건설 계획이 공고된 후 주민들은 1998년부터 반대투쟁위원회를 만들고 저항했으나 마침내 건설에 합의를 했고 2,864가구, 1만 2,000명이 고향을 떠났다. 높은 여러 개의 산 가운데 넓은 평야였던 주천, 정천, 안천, 상전면과 진안읍의 1,000만 평이 물에 잠겨 호수가 되었다.

나는 안개를 보면 상상의 공간 '무진'을 떠올린다. 실재하지 않는 공간 '무진'을 안개와 함께 기억한다. 그러니 무진에 대한 나의 기억은 역사 사료로서는 '사실'이 아니다. 그런데 내 또래, 그러니깐 김승옥의 소설을 읽고 자란 사람들은 안개 짙은 곳에서는 으레 이렇게 말한다.

"마치 무진 같다."

또한 안개가 많은 도시들은 관광안내로 빈번하게 자신의 고장을 '무진'의 고장이라 홍보한다. 다른 기억과 달리 '무진'은 잊혀지지 않고 끊임없이 활성화된다. 안개라는 경험으로 회상하는 공통된 기억이요, 사회적 기억이다. 이런 이유로 한 개인의 기억은 사료와는 다른 지점에서 사실이 되기도 한다. 직접적 행위로 인해 발생했든, 간접적 행위로 인해 발생했든 과거의 흔적들이 서로 연결되어 하나의 이야기를 만들어내고 개인의 기억은 공공의 기념적 행위(신문, TV, 광고, 홍보, 기념물, 기념관)들과 함께 작용하여 아주 적극적으로 재구성된다.

구불구불한 용담호를 자동차로 한 바퀴 도는 데는 3시간 정도 걸린다. 댐이 완공된 이듬해 한국수자원공사는 물의 소중함을 일깨우고 용담댐 건설과 관련된 지식을 제공하고자 2002년 3월 21일 용담댐 옆에 물홍보관(물문화관으로 2007년 변경함)을 건립했다. '문명, 자연, 그리고 물'이라는 주제로 상설전시를 하는데 제1전시실에는 '지구의 탄생과 태초의 물', '지구촌의 물', '물의 순환', '고통 받는 물' 등 물에 대한 전반적인 이해를 돕는 내용이 전시되어 있다. 제2전시실에는 용담다목적댐 현황과 수력발전 관련 내용이 전시되어 있다. 1층에는 전시실 외에도 물 관련 영상물을 1일 3회 상영하는 영상홍보실과 용담호에서 서식하는 민물고기를 관찰할 수 있는 수족관, 휴게실, 사진 촬영 코너, 진안 지역의 특산품 진열대 등이 있다.

숙소가 있던 주천생태공원 쪽에서 출발하여 호수를 시계 반대 방향으로 돌며 호수에서 가장 긴 용담대교를 지나다 사진문화관을 보았다. '이런 곳에 무슨 사진전을 여는 걸까?'라고 생각할 만큼 전시관은 허름했고 넓은 주차장과 비교되어 더 작게 느껴졌다. 비가 안개와 함께 내리는데 밖에 세워진 커다란 흑백사진 속 글이 보였다.

'물이 차도 안 나간다'

사진문화관 입구에 세워진 흑백사진

　팻말과 나란히 겨울나무 아래에서 찬바람을 맞고 서 있는 할아버지의 모습이었다. 허름한 건물 입구에는 A4용지로 인쇄한 안내글이 있었다. '우리 진안군에서는 2010년 12월에 용담호 사진문화관 운영 계획을 수립, 정천 모정휴게소를 리모델링하여 2013년 추석에 개관했습니다. 개관 후부터 그간 잡초로 우거졌던 휴게소를 사진문화관으로 바꾼 뒤 일년에 1만 3,000여 관광객이 다녀가셨으며(방명록 기준) 월 평균 1,000명 이상이 방문 하였습니다. 진안군 문화관광과 용담호 사진문화관'

운영하는 이는 보이지 않고 라디오에서 1970, 1980 년대 노래가 흘러나왔다. 1층 전시실 벽에 걸린 사진은 모두 흑백이었다. 수몰민들의 투쟁, 보상과 이주를 둘러 싼 갈등, 다리가 무너지고 집 위로 물이 들어차는 장면, 이사 가는 이웃을 물끄러미 바라보며 옷으로 눈물을 훔치는 할머니, 넓고 긴 개울 옆으로 나란히 손자와 할아버지가 마주보고 환히 웃는 모습, 이주를 결정한 날 열린 동네잔치에서 어른들은 모두 방에 둘러 앉아 있고 아무도 먹지 않아 덩그러니 마당 한가운데 놓인 상을 바라보는 소년의 얼굴 등의 사진이 이사를 떠난 후 버려진 문패, 무너진 학교에서 주운 학생증, 온 가족이 같은 초등학교를 졸업한 앨범들과 함께 있었다. 2층 수장고에는 수몰민의 가정에 있었던 가훈, 월급봉투, 일제강점기 때의 댐 건설로 매입되었다가 다시 되돌려 받으면서 도장을 찍었던 농지상환문서와 주민센터의 공문발급대장, 6·25 전쟁 발발 일에 진안군에서 전쟁이 났음을 알리는 공지문들이 보관되어 있었다.

용담댐이 건설되는 것을 반대하는 시위

대개 수몰 지역의 공공기록물들은 그 땅에 살았던 사람들의 이별, 갈등, 투쟁을 서술하는 데 인색하다. 댐 건설 전에 실시해서 발굴한 선사 시대 유적지에 관한 내용만큼, 아니 그보다 더 적게 서술한다. 호주 원주민 인명색인처럼 이곳에 살던 사람들이 댐 아래 잠긴 고향을 찾아오는 줄 몰라서일까?

구술 아카이브를 하고자 구술자와 마주 앉았을 때 '굳이 입 밖으로 내어 말하고 싶지 않은 말들'을 보곤 한다. 구술자가 무언가를 떠올렸음에도 불구하고 말을 하지 않으려 한다. 기억하지 못하는 것이 아니라 의식적으로 그 부분을 언급하지 않는다. 이상한 일은 그 다음에 벌어진다. 말한 것들이 기록되고 그 기록을 본 사람들은 그것을 기억한다. 말해지지 않는 것들에는 그 일이 있었던 때와는 달라진 구술자의 심경 때문이다. 떳떳하지 못하다고 생각하거나, 다른 사람들이 어떻게 생각할지 충분히 예측하거나 과거에 한 일에 대한 개인적 상황이나 정치적 노선에 변화가 있었던 일들은 뚜렷이 기억하고 있음에도 한사코 말하려 하지 않는다. 흔히 정치가들이 자서전을 쓸 때 이미 잘못한 행위라고 평가가 내려진 일을 두고 '기억이 나지 않는다'거나 '내가 하지 않았다'고 부정하는 것과 같다.

기억하고 싶지 않은 것들, 말하고 싶지 않은 것들을 더 이상 수면 위로 올리지 않는다. 대신 다른 것들을 공공적으로 기념한다. 공적 기념은 반복됨으로써 강고해지고 장소에 고정되어 '대표 기억'이 된다.

그런데 이 사진문화관은 1995년부터 용담댐이 준공된 2001년 10월까지 댐 아래에 살았던 사람들의 댐 건설 반대 투쟁, 이주, 철거 등을 촬영한 2만 4,010점의 사진과 각종 문서, 이주하는 동안 남겨진 수몰민의 생활용품 2,255점을 보유, 전시하고 있었다. 사진앨범 첫 번째 글에 이 사진을 찍은 이의 말이 있었다. 다큐멘터리 사진작가 이철수는 39살에 전주에서 용담댐 건설을 반대하는 주민들의 시위를 목격했다. 고향땅을 떠나야 하는 사람들의 관점에서 사진을 찍어야겠다고 생각했다. 진안군은 2014년도에 사진기록과 보존된 수몰민의 생활품 기록물이 있다는 것을 알고 휴게소를 리모델링하여 전시관을 마련했다. 이철수는 1년에 3~4회씩 투쟁, 갈등, 이별, 철거, 담수, 준공, 향수 등의 주제로 나눠 전시를 하는데 내가 본 것은 '이별'전이었다. 관람비는 없지만 방명록은 꼭 쓰도록 되어 있었다. 방명록에는 철자가 틀린 말이 유독 많았다. 대개 그들의 주소는 진안, 전주 등 인근 지역이었다.

용담호는 빨갛고 노란 가을 단풍이 아름다워 사진작가들의 출사지로 유명하다. 그런데 문화관의 사진들은 모두 흑백이다. 사진들은 수자원공사가 용담댐에 건립한 물문화관의 기록물들과 다른 서사(Narrative)를 말한다.

'짠하다 짠혀!', '떠나기 전의 모습들 용담 김석호 님

오리목 문씨, 호망 아줌마', '문풍지 찢고 나가자!',

'용담정류소 이사 가던 날', '용담시장이 기울어지다,

월계리 사람들', '아직 안 넘어진 이포교와 넘어진 다리'

참고사항 : 떠나기 전의 월계리 마을 사람들의 일상 생활

모습임, 쓸쓸하고 허전해 하는 그들의 마음을 찍을 수

있을까? 헤어지기 전에 박아 둡시다! 두 다리 쭉 뻗고

편히 앉아 찍어보자! 너도 찍고 , 나도 박고, 기왕이면

웃고 박자! (지금도 이 사진을 전달 못하고 있음)

소방마을 군내버스가 끊어지는 날, 마지막 손님 딱 한 분

모시고 떠나는 군내버스

– 어떻게 표현해야할까요? 이철수의 사진기록

한 곳에서는 댐의 목적과 그로 인해 생긴 이점, 그리
고 그 물에 살고 있는 생태가 전면에 나서고 수몰민의 삶
은 몇 가구가 이주했고 몇 천 평이 물에 잠겨 고향을 떠
났다는 짧고 간략한 배경으로 존재한다. 수몰민들 중 일
부는 전주역 뒤로 집단 이주를 했다가 그곳이 개발되면
서 또 다른 곳으로 떠났다는 서술은 아예 없다.

댐 건설에 오랫동안 반대하다 결국 수용하고 이주
를 결정했을 때 더 이상 저항할 수 없었기 때문이 아닐
것이다. 누군가는 '우리 모두'의 물을 위해 고향을 떠나
야한다는, 그 누군가가 바로 '나'여야 하는 사실을 받아
들이는 데 시간이 필요했을 것이다. 그러므로 더욱이 그

기록은 댐 건설의 이점과 그 이후의 생태 변화에 대한 화려하고 간결한 서사가 아닌 그 공간에 살았던 사람들의 삶과 떠나가는 과정과 그 이후의 고통과 좌절과 슬픔과 이별에 대해 깊고 두텁게 서술해야 한다. 댐이 주어가 아닌, 댐 건설을 위해 떠나야 했던 사람들이 기록의 주체가 되고 그들의 서사와 구체성이 오히려 '댐 건설의 목적'과 우리네 삶의 지속가능성이 무엇인지를 설득력 있게 말할 것이다. 물에 젖어 누렇게 변해가는 사진앨범을 거듭 손으로 어루만지다 사진으로 남은 다른 이의 고향에 '미안하다. 그리고 고맙다'는 말을 남기는 방명록처럼.

공동체 박물관 계남정미소

조림초등학교 교장이었던 전형무 또한 물속에 잠기는 고향을 기록했다. 1994년부터 3년 동안 이 지역을 답사하여 풍경, 재각, 탑, 냇가, 제방, 우물, 마을회관, 방앗간과 마을 사람들의 일상 모습을 촬영, 채록, 자료 정리 편집하여 1권부터 5권까지 글과 그림을 완성하고 6권은 조낙주의 풍수지리 내용을 보태 [그리운 고향산천-진안문화원]을 발간하여 이주민들에게 배부했다.

그는 설립과 이주까지 수몰예정지구의 풍경이 변해가고 사람들이 떠나는 모습을 보며 이 작업을 서둘러 하느라 새벽 4시에 사진을 찍고 학교로 출근했다. 퇴근 후에는 자료를 정리하느라 한두 시간밖에 잠을 못 잤다고 한다.

'물에 잠기기 전에 더 자세하게 기록해야 한다'며 밤잠을 미루던 그는 1997년에 사망했다. 책 내용과 의미가 확산되지 못한 것이 안타까웠던 공동체 박물관 계남정미소에서 용담호 수몰 10주년 기념으로 이 책을 재편집하여 사진집 [용담 위로 나는 새]를 출간했다.

2006년에 개관한 진안 역사 박물관 제1고고관에는 용담댐 수몰 지역에서 발굴된 선사고고유물을 보존 전시하고 있고 2010년 10월부터 2011년 6월까지 용담호

수몰 10주년 특별기획으로 '고향을 담다' 특별전시회를 열었는데 이 또한 전형무의 기록이 기초가 되었다.

#문학의 서사와 기록의 설명책임성

고향 바닷가에는 제법 긴 방파제가 있다. 해결할 수 없는 막막한 일을 앞에 두었거나 어찌할 바 없는 슬픔으로 가슴이 먹먹할 때, 혼자인 듯 외로울 때 바다를 향해 걸었다. 막역하던 바다에 가까이 갈수록, 그 앞에 서는 일은 세상으로 돌아오기 위해서임을 깨닫는다. 나를 발견하려고, 일을 잘 해결해보려고, 좀 잘 살아보려고 '세상 끝' 바다를 향해 걸었다.

문학 읽기도 그러하다. 아무리 장서가 적은 서가 앞이라도 그날 나와 비슷한 고민, 슬픔, 기쁨, 분노를 말하는 저자를 한 명 이상 만난다. 저마다 크고 작은 경험을 담고 있어 나란히 놓인 채로 서로의 세상을 보완한다. 그러니 제목만으로도 '나와 같은 상태'의 다른 사람과 마주할 수 있다. 제 집의 보물을 찾기 위해 먼 길을 떠나듯 '나'를 찾고 만들어가느라 먼 곳에서 말하는 다른 사람의 목소리를 듣는다. 물론 문학은 세상살이에 비해 훨씬 순진하다. 제 아무리 다양한 인물이 등장하고 복잡한 사건이 발생해도, 절망과 고통이 몰아쳐도 몇 장을 넘기면 반드시 끝이 난다. 반면에 삶은 거듭 살아가는 데도 가늠하기 어렵다. 어느 순간 책장을 덮듯이 간단하게 종료할 수 없다. 그럼에도 읽는다. 문학 어디에도 내가 무슨 일을 하며, 누구와 더불어 어떻게 살아야 하는지 구체적으로 말해주지 않지만 인간이 어떤 존재인지, 무엇을 추구하는지, 참으로 끈질기고 낯선 방식으로 들려주기 때문이다.

세상 모든 이야기는 크게 너의 이야기이거나 나의 이야기다. 내 이야기가 다른 사람에게로 건너가 고개를 끄덕이게 하려면 그 사람도 알 수 있도록 말해야 한다. 알아들을 수 있도록 하는 데에는 여러 가지 방법이 있는데 그 중에 하나가 '이유'를 보여주는 것이다. 이유는 '어떻게 그럴 수가 있어?'를 '그럴 수 있었겠구나'로 전환시키며 공간에 따라 다른 설득력을 필요로 한다.

공공기관 기록물 관리에서는 이것을 '설명책임성'이라 부른다. 기록의 설명책임성은 개인이나 조직 또는 시스템이 자신들이 한 행위를 기록으로 답변하고 설명하고 정당화할 수 있는 능력이다. 누가 언제 어디서 어떻게 왜 했는가를 제3자에게 '기록'으로 보여줄 수 있어야 하는 원칙이다(국가가 하는 일은 무엇이든 시민에게 설명할 책임이 있다는 의미로 기록 관리와 정보 공개 정책의 바탕이 되는 개념이다). 행정기관이 설립된 목적에 따른 업무를 했는지, 제대로 잘 했는지 그 투명성과 책임을 기록으로 말하는 것이다. 그리고 그 기록이 행위의 증거가 된다. 하지만 기록관 기록물은 문학처럼 재미있게 읽기 어렵다. 공식적인 기록이나 정부 문서 등은 '이유'를 보여주는 방법이 달라야 한다. '사실'들을 엮는 이야기가 필요하다. 기록이 '서사'로 구현될 때 기록물들의 이유는 보다 가깝고 쉽게 너의 이야기가 된다. 그런데 문학이 주체인 문학관에서는 반대의 상황이 벌어진다.

　문학가의 삶을 보여주는 각종 문서들, 실제 사건과 문학과의 연관성을 짐작하게 하는 스크랩 자료들, 그가 지인들에게 보낸 편지 등의 기록물이 문학가의 시와 소설을 무너지거나 허물어지지 않도록 강건하게 떠받치고, 더 멀리 오랫동안 보다 많은 사람에게 나아가도록 한다. 그래서 문학관에서는 작가 삶의 연대기표를 중심으로 작가에게 무슨 일이 일어났는지 보여주는 역사적 자료들을 문학 작품 사이에 반듯하게 세워 기록으로 문학을 증거하고자 한다. 문학은 우리 모두의 이야기가 된다.

8장

시인의 삶을 증언하다

서울 종로구의 윤동주 문학관

시인의 하숙집이 있던 종로구 청운공원 내에 수도가압장을
리모델링하여 건립된 윤동주 문학관

윤동주 시인은 1917년 12월 20일 중국 옌볜 조선족
자치주 룽징시(용정시)의 명동촌에서 태어났다. 평양 숭
실중학교를 다녔고 서울 서대문구 신촌동의 연희전문학
교를 졸업하였다. 그러나 그의 문학관은 서울 종로구 청
운동 언덕에 있다.

살아남은 사람들, 윤동주를 증언하다

당대에는 알려지지 않았던 시가 한국인이 가장 사랑하는 시가 되기까지 살아남은 사람들은 기록과 기억을 수집하고 또 생산했다. 독립되기 6개월 전인 1945년 2월, 일본 후쿠오카 형무소에서 죽은 젊은 시인 윤동주는 생전에는 시집을 출간하지 못했다. 연희전문학교(연세대학교) 문과대를 졸업할 때 기념으로 그동안 쓴 19편의 시를 모아 발간하려 했으나 출판 비용 300원이 없었고 시는 불온했다. 사촌 송몽규와 일본 유학을 가기 전에 시인은 자필로 3권의 시집을 엮었다. 한 권은 스승이었던 이양하에게 한 권은 하숙집 후배였던 정병욱에게 증정하고 한 권은 본인이 갖고 있었다. 스승에게 준 시집은 사라졌다. 시인이 소장하던 시집도 사라졌다. 교토 하숙방에서 일본 경찰이 윤동주를 체포했을 때 압수한 유품 목록을 공개하지 않아 [하늘과 바람과 별과 시] 필사본 시집 한 권과 교토 시기에 쓰여진 시들은 아직도 그 행방을 모른다.

연세대 문과 후배이자 시인이 '별 헤는 밤', '서시', '자화상', '참회록'을 쓰던 종로구 누상동 시절 하숙을 함께 했던 정병욱은 1943년 학병으로 끌려가게 되자 전남 광양의 어머니께 시집을 귀히 보관해달라 했다. 정병욱의 어머니는 일제의 공출이 심해지자 마루널을 뜯어 그 아래에 항아리를 묻고 지푸라기로 건조 상태가 되도록 한 후 시집을 집안의 다른 귀중품들과 함께 넣었다.

전쟁에서 살아 돌아온 정병욱은 1947년 서울 소공동 '플라워 회관'에서 옥사한 독립운동가 송몽규의 2주기 추도회가 열린 날 당시 경향신문 기자였던 강처중과 시집 출간을 의논했다. 강처중은 송몽규, 윤동주와 연희전문학교 기숙사 동기였으며 교우회지를 함께 만들었다. 그는 시인이 일본으로 유학 가기 전에 쓰여진 것으로 추정되는 '팔복', '위로', '병원', '못 자는 밤', '돌아와 보는 밤', '간', '참회록'의 시가 쓰여진 낱장의 종이들과 유학 시절 윤동주가 편지를 보내며 함께 동봉한 동경 릿쿄대학 용지에 쓰여진 '흰 그림자', '흐르는 거리', '사랑스런 추억', '쉽게 쓰여진 시' 등 총 12편을 보관하고 있었다. 강처중은 1947년에 경향신문에 '쉽게 쓰여진 시'를 정지용의 소개글과 함께 실었다.

그는 원고와 편지뿐만 아니라 시인이 일본으로 가기 전에 읽었던 40여 권의 책과 좌식 책상, 연희전문학교 졸업앨범도 보관하고 있다가 시인의 동생 윤일주에게 건넸다. 윤일주는 6·25 전쟁 등의 격변기 속에서도 이것들을 옷장, 캐비닛 등으로 옮겨 가며 지켰다. 당시 경향일보 주필이었던 정지용은 정음사에서 시집이 출간되도록 도왔고 추천사를 썼다. 강처중은 발문을 썼다. 그러나 이후에 6·25 전쟁으로 정지용은 납북되고 강처중은 월북하여 시인의 유족들은 1980년 후반까지 윤동주 초판 시집 발간에 기여한 사람으로 그들의 이름을 말할 수 없었다.

시인의 동생 윤일주는 1948년 초판본 출간 전부터 유품과 원고를 수집하고 있었는데 당시 북간도에 살고 있던 여동생 윤혜원에게는 고향집에 남아 있는 유품과 유고를 부탁했다. 당시 윤혜원은 기독교 탄압이 심해진 북간도에서 더 이상 살기 어려워 한국으로 들어올 계획이었다. 시인의 사진첩과 원고들을 봇짐에 넣고 북한 청진과 원산에 1년간 있으면서 남하하려고 했지만 당시 남북 분단체제가 굳어가는 상황에 감시와 단속이 심해 원고와 사진첩을 분리 보관하기로 했다. 부피가 작은 원고는 자신의 봇짐에 부피가 큰 사진첩은 용정으로 되돌아가는 고향사람에게 부탁해 그곳에 보관하기로 한 것이다. 그런데 기차가 두만강을 건너기 전 짐 검사가 심해지자 월남계획을 세우고 있던 고향사람은 사진첩이 문제가 될 듯하여 열차 화장실에 갖고 가서 창밖으로 버렸다. 윤혜원의 봇집에 있던 미발표시 85편은 무사해 1955년에 증보판을 발행했다. 이때 시인의 생전 모습과 작품에 대한 기록, 재판에 관한 내용을 부록에 넣었다. 그러나 이 증보판에서는 당시 6·25 전쟁 후 납북된 정지용이 쓴 서문과 좌익활동을 한 것으로 알려진 강처중의 발문, 그리고 시인이 강처중에게 보낸 편지에 있었던 시 일부는 삭제되었다.

대학에서 국문학을 가르치던 정병욱은 대학입학시험에 시집[하늘과 바람과 별과 시] 중에 한 편을 국어 문제로 출제했다. 청소년들에게 처음 이 시가 알려졌고 1970년대에는 중·고등학교 국어 교과서에 서시가 실렸다.

정병욱의 남동생 정병완은 국립중앙도서관 사서였는데 1970년 10월 15일부터 1주일 동안 윤동주 서거 25주년, 국립중잉도서관 개관 25주년 기념으로 '시인 윤동주 유고전'을 열었다. 국립중앙도서관과 교류를 위해 출장을 왔던 일본 국립국회도서관(일본의 국립중앙도서관에 해당함) 직원 우지고 츠요시가 이 전시회를 관람한 후 정병완 도서열람관장을 찾았다. 한국어 공부를 하다가 윤동주와 그의 시를 좋아하게 되었고 자신과 같은 도시샤대학 학생이었을 때 옥사를 했다는 점에 관심을 갖고 보다 깊이 시인을 알고자 했다. 정병완(동생 정덕희가 윤일주와 결혼함)은 자신의 매제이자 시인의 동생인 윤일주를 소개했고 둘은 종로 YMCA 호텔에서 만났다. 그때 윤일주는 혹시 윤동주의 유품과 유고가 일본에 있을지 알아봐 달라는 부탁과 함께 시인이 독립운동을 했는지에 대한 기록이 없어 안타깝다고 했다. 당시 한국에서는 시인이 독립운동을 했다는 기록이 없어 경찰의 과잉 수사로 운 나쁘게 검거된 것은 아닌가 하는 추측이 지배적이었다.

윤동주 문학관 제3전시실은 건축가 이소진이 물탱크를 그대로 보존하여 설계했다. 무거운 철문으로 된 출입구에 작은 좌식 의자, 축축하고 어둡고 눅눅한 느낌이 마치 감옥 같다. 관람객들은 불편을 호소하다 '윤동주의 후쿠오카 형무소'에서의 삶이 소개되는 영상에 눈물을 흘린다. 이소진은 제2전시실을 열린 우물, 제3전시실을 닫힌 우물로 표현하여 평면에 쓰여진 시 '자화상'을 공간으로 구현했다.

우지고는 일본으로 돌아가 관련 문서를 찾기 시작했다. 마침내 그는 일본 정부의 극비문서 중 특별고등경찰[특고월보]의 '재교토 조선인 민족주의그룹 사건 책동개요' 문서에서 송몽규와 윤동주의 이름을 발견했다. 일본경찰은 두 사람을 체포하기 1년 전부터 감찰했다. 또 다른 극비문서인 [사상월보]에서 송몽규의 판결문도 찾았다. 윤동주 판결문은 다른 일본인인 이부키 고다가 역시 [사상월보]에서 찾았다. 윤동주는 교토지방재판소에서 징역 2년을 선고 받고 규슈 후쿠오카 형무소로 이송되었다. 우지고는 비밀문서 공개 제한이 해제되자마자 한국에 기록물의 전문을 보냈고 1977년 [문학사상] 12월호에 일본 특별고등경찰의 비밀기록이 공개되었다.

윤동주의 유해는 후쿠오카에서 화장되어 북간도에서 장례를 치렀다. 유족은 장례 후 유골을 용정 동산 중앙교회 묘지에 묻고 발간된 시집은 없었지만 평생 시인으로 살았으므로 비석에 '시인의 묘'(시인윤동주지묘)라고 새겼다.

1984년 시인의 동생 윤일주는 성균관대 건축학과 교수로 재직 중에 연구차 일본 동경에 갔다가 와세다대학에서 한국학을 가르치던 오무라 마쓰오 교수를 찾아

갔다. (그 해에는 이부키 고우가 '하늘과 바람과 별과 시'를 일역하여 일본에 시집이 발간되기도 했는데 이때 일부를 일본의 수필가 이바라기 노리코가 수필에 인용하면서 출판사 치쿠마쇼보(筑摩書房)에서 발행한 고등학교 국어 교과서에 '서시'가 실렸다.) 오무라 마쓰오는 옌벤 지역의 한국문학에 관심이 있어 한국어 공부를 하면서 윤동주 시를 학생들에게 가르치고 있었는데 1년 동안 옌벤에 체류할 계획이었다. 해외 여행이 자유롭지 못했던 시기였으므로 직접 움직일 수가 없었던 윤일주는 그 소식에 오무라의 집을 방문하여 묘를 찾아달라 부탁했다. 윤일주는 독립운동가이자 시인 윤동주의 삶을 증언하고자 산 듯하다.

오무라는 1985년 4월에 옌벤대학에 도착했지만 용정이 외국인에게 비공개 지역이라 들어 갈 수 없었다. 하는 수 없이 지역 사람들에게 위치를 알려주고 묘를 찾아줄 것을 요청했다. 혹독한 겨울 날씨에, 알지도 못하는 사람의 묘를 찾는 일에 주저하던 사람들을 여러 차례 설득하였다. 마침내 5월에 온전한 묘비석과 무덤을 찾았다. 중국 옌벤 동포들에게 소식을 알리고 함께 제사를 지낸 후 봉분 단장도 했다.

1988년에는 프랑스에서 박병선이 윤동주 시집을 번

역하여 출간하고 1995년에는 한국계 졸업생들이 주축이 된 '코리아 클럽'에서 도시샤대학에 시비를 건립하며 윤동주의 시는 세계로 나아갔다. 2012년에 연세대학교 학술정보원을 증축하면서 방범, 소화설비가 완비된 서고를 준공하자 유족들은 윤일주가 평생에 걸쳐 수집하고 보존한 유품과 출판물, 서신, 기사 등의 기록물들을 기증했다.

청운시민아파트 터에 들어 선 윤동주 문학관

윤동주 문학관은 서울시 종로구 자하문의 청운공원 안에 있다. '별 헤는 밤', '서시', '자화상', '참회록'을 쓸 때 하숙집 주인이었던 소설가 김송과 함께 걸었던 언덕이다. 2005년에 서울시가 부실로 지은 시민아파트를 철거하자 종로구는 2007년에 이곳에 청운공원을 조성했고 그 안에 문학관과 시인의 언덕을 조성했다. 건축가 이소진은 임시로 사용하던 아파트 경비실 크기의 문학관을 리모델링하다 뒤편에 물탱크 두 개(바닥 면적 약 54.8m²(16.6평), 5m 높이)를 발견했다. 뒤쪽 물탱크는 원형을 남겨 어두운 공간에 맞게 시인의 영상을 보여주는 제3전시실(닫힌 우물)로, 앞쪽 물탱크는 지붕을 걷어내고 통로 겸 안뜰로 활용해 제2전시실(열린 우물)로 설계하여 기존 가압장 건물과 영상전시장을 연결하는 공간을 창출했다.

가난한 이들의 이름을 부르고, 일제강점기 지식인이 시가 쉽게 쓰여지는 것을 고뇌하던 시인의 삶을 건축가는 공간으로 재해석했다. 윤동주 문학관은 시인의 흩어진 삶의 조각들을 모아 전체적이고 완전한 하나의 이야기 속에 포괄하고 통합하며 기록으로 그 층위들의 속을 메워 시인이 은유적이고 추상적으로 노래하던 시를 구체화한다. 관람객은 문학관에서 고단한 가운데 강건하게 걷고자 했던 시인과 자신을 연결시킨다.

수도가압장과 옛 청운시민아파트(출처: 서울역사박물관)

#너와 나의 이야기는 어디로 흘러갈 것인가?

내가 유년 시절을 보낸 경상북도 바다마을의 어부들은 '샛바람'이란 말을 썼다. 새는 동쪽을 의미한다. 새벽의 새, 밤에 잠을 못 자고 새벽이 되었을 때 날 샜다 등의 새는 모두 태양이 뜨는 방향을 말한다. 그러니깐 샛바람은 동쪽 바다에서 뭍으로 부는 바람이다.

샛바람은 아주 세게 말해야 한다. 그냥 세게 정도가 아니라 입술을 앙다물고 세차고 억세게 내뱉어야 한다. 샛바람이 불 때 비가 오기 때문이다. 태평양의 물기를 머금어 눅눅하고 무거운 바람이 불면 말리던 오징어와 빨래를 거둬 들여야 하며 창문을 닫아야 한다. 어른들이 아랫입술에 힘을 들여 "샛바람이 분다." 할 때에는 지금 당장 하지 않으면 안 되는, 발을 종종거리며 뛰어야 하는 일이 몰려옴을 의미한다. 하지만 서해 바다 쪽 서울에 사는 동안은 이 말을 사용할 일이 없었다. 말에는 그것을 사용하는 사람의 경험이 들어 있어, 특정한 지역의 말에는 그 곳의 물과 땅과 사람 간의 이야기가 딸려온다. 땅의 지층들마다 흙 종류가 다르고 살았던 생물이 달라서 퇴적물의 내용을 살펴보면 어느 시기에 형성된 것인지 알 수 있는 것처럼 그가 어떤 말을 사용하는가 들어보면 살아온 시대와 관계 맺었던 여러 삶의 지형들을 가늠할 수 있다.

지구의 땅을 지질학적 변동이나 생물학적 변동 등에 따라 선캄브리아대, 고생대, 중생대, 신생대로 구분하고 인류가 살고 있는 지금을 신생대 제4기로 홀로세 (Holocene Epoch)라고 부른다. 홀로세가 시작한 것은 마지막 빙하기가 끝난 약 1만 1,700년 전부터인데 학계에서는 이미 홀로세를 지나 인류 때문에 대멸종이 진행 중인 인류세에 접어들었다고 주장하는 학자들도 있다. 1995년 노벨화학상을 수상한 대기화학자 파울 크뤼천은 자연계에 존재하지 않았던 플라스틱, 핵실험의 흔적, 대량생산, 소비된 뒤 버려진 닭뼈 등이 인류세의 대표적인 지질학적 특징이 될 것이라 했다.

지구의 땅이 인류세 시기라면 그 땅에서 살아가는 인간의 문화적 지층은 지금 '모든 것을 저장하는 시대' 일 것이다. 기록의 한계가 사라져 어떤 기록이라도 저장하고 출력하고 검색할 수 있는 시대. 인간의 눈으로 보는 것, 듣는 것, 인간이 볼 수 없고 들을 수 없는 것까지도 장치를 이용하여 저장하고 전파한다. 모든 것을 기록하고 저장하는 시대인데 참 이상한 일이다. 인류가 사용하는 말 수는 점점 줄어든다. 세계 6,000개의 언어가 2주에 한 개 꼴로 사라진다. 2010년에는 유네스코가 제주어를 소멸위기언어로 지정했다. 70대 이상만 제주어 소통이 가능하고 30대 이하는 제주어로 소통이 불가능하다. 월드 와이드 웹(World Wide Web)으로 온 세상이 연결되자 축적하고 번역하는 데 시간을 많이 필요로 하는 것들이 조용히 소멸하는 중이다. 말과 단어가 우리의 경험을 담지 않고, 그 경험을 읽고 해석하는데 시간을 두지 않는다면 우리들이 살아가면서 만들어가는 이야기들은 다 어디로 가는 것일까?

9장

재현할 수 없는 사진

제주 서귀포시의 김영갑 갤러리 두모악

김영갑 갤러리 두모악 입구

충남 부여 출생의 사진작가 김영갑은 20년 동안 고향에 가지 못한 채 제주를 촬영하였다. 덕분에 사라진 제주의 옛 풍광이 서귀포시 성산읍 삼달리의 조용한 동네에 오롯이 남았다.

아픈 몸으로 사라져가는 제주 풍광을 기록하다

"외진 곳까지 와 주셔서 고맙습니다."

이끼가 돌담에 켜켜이 쌓인 골목 입구에서 주황색 원피스를 입은 여인이 여전히 같은 말로 인사를 한다.

2005년 봄, 사라진 제주 중산간 모습을 기록한 사진이 있다는 소식을 듣고 서귀포 종달리마을의 '구멍가게 하나 없고 온종일 걸어도 사람을 볼 수 없는 외진' 폐교를 찾았을 때 작업실 책상 위에는 카메라 한 대만 놓여 있을 뿐 작가는 없었다. 한달 뒤 그가 루게릭병으로 사망했음을 신문에서 보았다.

홀로 사진을 공부한 김영갑은 우연히 제주도에 왔다가 바람을 보았다. 섬 특유의 잦은 기후변화 때문에 같은 계절에도 동서남북에 각각 다른 바람이 불었고 같은 시각에 해안은 뜨거워도 중산간 초원에는 여우비가 내렸다. 안개가 온 산을 뒤덮듯 다가왔다가 곧장 하늘이 파래졌다. 제주에 정착해 사진을 찍겠다고 마음을 먹었지만 제주 토박이들은 살만한 곳이 못된다고 했다. 특히 중산간 마을은 섬 안에서도 습하면서도 비가 많이 내려 농사도 잘 되지 않고 잡초만 무성해 방목장으로 사용하고 대부분의 사람들은 해안에서 살았다. 그는 제주에서 오래 산 사람들을 쫓아다녔다. 외딴 시골마을 노인들의 집에서 잠자리와 먹을거리를 해결하며 라디오 일기예보도 제대로 예측하지 못하는 곳에서 스스로 바람을 읽어야만 했던 장사꾼, 뱃사람, 농부, 해녀들의 이야기를 들었다. 그들 이야기에 무덤이 보이고 동자석이 보이고 이어도가 보이고 눈과 바람에 시달려도 바람이 떠미는 방향으로 눕지 않는 억새가 보였다. 김영갑은 그것을 필름에 담았다.

카메라를 목에 두른 김영갑의 모습을 형상화한 조각상

움막에 살면서 사진이 한 장도 팔리지 않고 중산간의 습기를 먹은 필름에 곰팡이가 쓸어도 좋았다. 그런데 외부에 제주도의 이국적 풍광이 알려지면서 들과 산과

물길이 변했다. 중산간 초원에 새 길이 뚫리고 전봇대가 세워지고 건물이 들어섰다. 빠른 속도로 개발이 진행되었다. 초조해지기 시작했다. 제주가 사라지는데 그것을 담은 필름은 우사 창고에서 곰팡이가 피고 있었다. 필름을 보관하기 좋은 서늘하고 건조한 창고를 찾아 몇 번 이사를 하는 가운데 1999년 제주도청에서 사진전을 여는데 손이 좀 이상했다. 병원에서는 사진만 찍느라 운동부족일 수 있으니 맨손체조라도 하라고 권했다. 그런데 통증은 점점 더 심해졌다. 마음은 바쁜데 손발이 뜻한 바대로 움직여지지 않자 전국 병원을 다니며 고치려 했다. 하지만 진단조차 제대로 받지 못했다. 3년 동안 극심한 통증에 시달리다 온몸에 마비가 오기 시작할 즈음 루게릭병이라는 진단을 받았다.

2001년, 남은 날이 얼마 되지 않았을 때 서울 프레스센터에서 개인전을 열었다. 사진전을 준비할 때 갤러리에서는 IMF 여파로 문화예술 분야에 전반적으로 관람객이 줄어 걱정을 했다. 예상과 달리 첫날부터 전시장 가득 사람들이 몰려왔다. 그동안 열여섯 번의 전시를 했으나 이번이 처음으로 흑자였다. 전시 비용을 제하고도 돈이 남아 빚을 갚았다. 그리고 돈이 남아 축사 창고에 보관하던 사진을 옮기려고 장소를 물색했다. 남제주군(현재 서귀포시) 삼달리에 폐교를 임대한다는 소식을 듣고 5년 기한으로 빌렸다. 제대로 움직이지 않는 손으로 돌담을 정비하고 마당에 나무를 심고 벽에 페인트칠을 한 후 '갤러리 두모악'이라 이름 붙였다.

두모악은 한라산의 옛 이름이었다. 먹고 살기가 어려운 땅, 제주도에서는 농사보다 어업이나 교역을 선호했다. 고려 시대 원 제국이 제주도를 군마(軍馬) 생산기지로 삼으면서 말 교역으로 먹고 살았다. 그런데 조선 시대 말 교역을 중지시키자 제주도 사람들은 바다로 가기 시작했다. 그때부터 고향을 떠나 바다에서 떠돌며 생업을 꾸리던 '제주도 사람'을 두모악이라 불렀다. [조선왕조실록]에는 '배에서 살며 남해안 일대와 중국 해안을 오가며 고기를 잡는 사람들'인 두모악, 두모야지, 포작인(鮑作人)이 수십 차례 등장한다. 울산에는 그렇게 바다를 떠돌던 제주 사람들이 이주하여 정착한 터를 두모악이라 불렀다. 충청도 사람 김영갑이 제주 사람들도 잊고 지내던 '제주 사람들'이란 이름을 갤러리에 붙이고 사라져가는 제주 풍광을 기록했다.

김영갑은 폐교를 임대해 두모악이라 이름 짓고 갤러리를 열었다.

잘 움직이지 않는 손으로 통증과 싸우며 갤러리의 정원을 만들었다.

갤러리를 오픈하자 네비게이션도 없던 시절 그의 이름만 들고 사람들이 사진을 보러 먼 곳에서 찾아왔다. 하지만 갤러리는 여름이 끝나기 전 천장과 벽에 곰팡이가 생겼다. 김영갑은 형제들이 치료비로 쓰라고 준 돈도 갤러리 보수에 사용했다. 그리고 겨우 네 번의 여름을 보낸 후 그는 사망했다.

사진을 찍은 이가 사라지자 사진 속 공간은 풍경이 되었다. 김영갑은 감상자의 상상력을 제한하고 싶지 않다며 전시회를 열어도 전체 제목만 정하고 각각의 사진에 글을 붙이지 않았다. 너무 늦게 도착한 나는 그의 사진에 장소, 사람, 이야기를 붙들어 놓고 싶었지만 이제 어느 해 어떤 노인의 이야기를 듣고 제주 어느 장소를 촬영한 것인지 그때의 바람과 온도와 시간과 사람들을 말하지 못한다. 언제 어디서 누가 무엇을 어떻게 왜 했는가를 말하지 못하므로 사진은 기록이 아닌 작품으로 남았다.

갤러리 뒷 마당

김영갑 작업실의 작은 창과 그의 사진

갤러리는 두모악관, 하날오름관으로 이루어져 있다.
용눈이오름, 눈·비·안개 그리고 바람 환상곡,
구름이 내게 가져다준 행복, 지평선 너머의 꿈, 바람,
숲 속의 사랑, 오름, 마라도라는 등의 작품이 있다.

#기록되지 않는 '노동'

내가 다른 사람에게 자연스럽게 받아들여진다면 얼마나 좋을까? 무슨 일을 하든, 어떤 지위이든 관계없이 말이다. 모든 사람이 가치 있는 존재라고 하지만 우리가 하는 일이 다 가치가 있다고 말하기는 어렵다. 필요하지만 그것에 대한 합당한 사회적 이름이 없거나 중요하지만 금전적 대가가 없는 경우에는 일을 해도 일이 아닌 것으로 치부된다. '얼마만큼의 가치로 환원되는가' 혹은 '그 일로 인정받는가'는 중대한 문제이며 일은 그 일을 하는 사람의 영혼에 영향을 미친다. 지금 내가 하고 있는 일에 이름을 붙일 수 없을 때 자신에 대해, 존재에 대해, 가치에 대해 회의를 품는다.

중학교 2학년 새 학년이 되어 가정조사서를 제출하는데 아버지 직업란에 '노동자'라고 썼더니 담임선생님께서 부르셨다. 회사원이나 자영업자가 아닌 '노동자'라는 말에 놀라셨던 모양이다. 아버지는 항운노동조합에 소속되어 항만, 철도 연안, 농수산, 시장, 정기화물, 창고 등의 하역 일을 했다. 당시에 노동조합이 무엇인지는 몰랐지만 방학 때 아버지 점심도시락 심부름을 했는데 작업장이 매번 달랐다. 아버지는 여러 회사에서 일을 배당 받아 했고 노조에서 주는 월급봉투에는 회사별 노동 시간과 금액이 적혀 있었다. 노동을 하니깐 노동자라고 썼을 뿐인데 담임선생님은 그때부터 나에게 무척 친절하셨고 섬세하게 배려하셨다. 그때부터 '노동자'란 말을 의식하게 되었다. 다음 해부터는 가정조사서에 아버지의 월급봉투에 적힌 여러 회사 이름 중에서 사람들이 제일 많이 알고 있는 대기업 이름을 골라 썼더니 아무 일도 일어나지 않았다.

10장

기념되지 않는 노동

인천 강화도의 심도직물 굴뚝

심도직물 굴뚝의 모습

현대 노동운동의 시발점이었던 심도직물은 인천의 강화 탐방 제1코스인 심도역사문화길 초입에 있으나 그 역사적 의미를 발견하기란 쉽지 않다. 공장이 문을 닫은 후 무너진 굴뚝만 남았다. 2015년 5월에 천주교 인천교구에서 굴뚝 앞에 '강화 심도직물 사건'을 기념하는 조형물을 세웠으나 이 또한 소리 소문 없이 철거되었다.

우리나라 최초 민주화운동의 시발점

강화도는 서울 등 대도시와 가깝고 고려 말과 조선 시대 역사 문화 유적지가 많은데다 논과 들과 강과 바다가 아름다워 관광객이 계절마다 끊이지 않는다. 강화 탐방 제1코스인 심도역사문화길은 한옥으로 된 성공회 강화성당, 고려궁지(고려 대몽항쟁 39년간 궁궐), 용흥궁(철종의 강화집)이 몰려 있어 그 중에서도 특히 인기가 많다. 친구들과 가을 단풍이 아름다운 날 늦게 출발해도 충분히 다녀올 수 있는 강화도 심도역사문화길로 짧은 여행을 떠났다.

심도는 강화도의 옛말로 '물 가운데에 있는 마음의 섬'이란 뜻이다. 심도역사문화길의 시작이자 가장 높은 곳에 있어 멀리서도 눈에 띄는 성공회 강화성당은 100년 된 한옥 성당으로 건축사적으로 많은 의미가 있다. 영국 성공회는 1889년 11월에 고요한(Charles John Corfe) 주교를 초대해 한국 주교로 임명하고 선교활동을 시작했다. 제3대 고요한 주교와 의료선교사 랜디가 1890년대 인천 제물포와 서울에 교회와 병원을 설립하고 영어 학교, 영어 성서반을 운영하면서 성공회 관련 책자를 발간하는 등 한국에서 다양한 방법으로 성공회를 알리려고

현존하는 가장 오래된 한국 교회 건축인 성공회 강화성당

서양의 바실리카 양식과 조선의 건축 양식이 결합된 성당 내부

노력했는데 정작 성공회는 강화도에 뿌리를 내렸다. 강화도에는 성공회 성당이 총 24개가 있고 그 중 12개는 지금도 활동 중인데 그 중에서도 강화성당은 한국 성공회의 첫 번째 성지로 꼽힌다. 현존하는 가장 오래된 한국 성공회 성당이자 한옥 교회 건축 중에서도 가장 오래

되었다. 한국 성공회 제3대 교구장이었던 조마가(The Rt Rev. Mark Napior Trollope) 주교가 1898년 성당 건축의 총 감독을 맡아 노아의 방주를 형상화하고 경복궁 도편수가 백두산 목재로 지어 1900년 11월 15일에 완공했다. 바닥은 장마루이고 천장은 일반 한옥보다 높은 중층 구조로 사방의 창은 모두 유리로 되어 있다. 팔작지붕에 용마루 양끝에 연꽃모양으로 된 곡선미의 돌십자가를 올렸다. 대문 입구의 범종은 미사 때 울린다. 밖에서 보면 절 같은데 안은 교회다.

서양의 바실리카 건축 양식과 조선의 건축이 결합했다는 건축학적 의미를 몰라도 성당은 무척 아름답다. 나무 기둥 사이에 살짝 내려앉은 작은 십자가, 낮고 길게 사방에 둘러 처진 기와 담장과 나란히 유리 전등이 반짝이고 그 사이에 난 작은 창으로는 강화읍이 내려다보인다. 유리창 아래 길게 놓인 의자에는 오래된 흑백사진들이 전시되어 있다. 땅을 매입하여 건물을 지을 때부터 완공되기까지의 과정, 새로운 종교를 믿게 된 어느 집안 4대 가족, 하얀 조선의 옷을 입고 영어를 배우러 온 학생들이 길고 높은 성당 계단마다 한 줄로 서서 꼼짝 않고 카메라를 보는 모습, 성당 사람들이 공부하고 농사짓는

조선 시대 철종의 생가인 용흥궁

풍경이 담긴 사진들이다. 입구에는 성공회 성당의 역사를 말해주는 카탈로그와 기부금 함, 다녀간 사람들의 글이 적힌 방명록이 있었다.

성공회 성당 아래 길 건너편에는 한옥이 겹겹이 담장으로 연결된 작은 궁이 있는데 철종이 임금이 되기 전에 살았던 집이다. 왕이 되기 전에는 주변의 민가처럼 초가였는데 철종 4년에 강화유수 정기세가 새로 지어 용흥궁이라 불렀고 1903년에 한번 더 중건해 지금의 모습을 형성했고 1995년에 인천광역시 유형문화재 제20호로 지정되었다. 궁 앞의 두 개의 비석에는 용흥궁에 관한 역사가 상세히 적혀 있고 강화성당처럼 잘 보존, 관리되고 있었다.

강화도는 성공회 성당과 용흥궁 사이에 커다란 주차장을 만들고 차들을 외곽으로 둥글게 주차하도록 해 언덕 위의 성당은 광장에서 보면 커다란 성이 하늘에 떠 있는 듯하다. 성공회 성당에서 내려와 용흥궁을 본 후 새로 단장한 골목길을 따라 걸으면 다시 광장으로 이어지는데 주황색 붉은 벽돌이 부서진 채로 광장 한 켠에 있다. 성당을 올라갈 때에도 그 굴뚝을 보았지만 성당과 용흥궁의 부속 건물 중에 하나겠거니 하고 눈여겨보지 않았다. 그런데 강화성당은 1900년에 설립한 이래로 100년이 훌쩍 지난 오늘날까지 너무나 잘 보존되어 울타리의 옻칠마저도 여전한데다 그 옆의 용흥궁은 여러 차례 중건되었지만 당시 조선의 건축으로 복원되어 붉은 벽돌의 이 굴뚝과는 어울리지 않았다. 그제서야 부서진 굴뚝 사이로 철근 골조가 보였고 굴뚝이 광장의 다른 것들과 다르게 서 있음을 알았다. 다가가 굴뚝 옆 비문을 읽었다.

심도직물 터

1947년 김재소가 설립하여 2005년까지 1,200여 명의 근로자가 종사했던 국내 굴지의 주식회사 심도직물 터이다. 강화는 예로부터 부녀자를 중심으로 수공업이

발달하였고 1920년대에 가내공업 형태의 직기가

도입되어 면직물과 견직물의 대량생산이 가능하였다.

1933년 강화에 최초로 근대식 방직공장인 조양방직이

설립되었다. 1970년대부터 현대화된 공장으로 발전하여

대량생산 체계와 수출산업으로서 전성기를 맞이하였으나

산업의 발달과 저가 중국산 면직물의 수입 등으로

섬유공업의 번영은 힘없이 무너졌다. 이곳은 2005년

강화군에서 소도읍 육성산업의 목적으로 용흥궁공원을

조성하면서 심도직물 건물은 모두 사라지고 공장

굴뚝의 일부만 남아 있어 당시 번창했던 강화 경제의

명성을 말해주고 있으며 우리나라 최초 민주화운동의

시발점이기도 하다.

번창했던 강화 경제의 명성을 보여주는 터이자 우리
나라 최초의 민주화운동의 시발점이란 앞 뒤가 맞지 않
는 말이 한 문장 안에 있었다. 우리나라 최초의 민주화운
동이 강화도에서 시작했다는 것도 처음 들었다. 1960년
대 이승만 정권의 독재에 항거해 일어났던 4.19 혁명이
우리나라 민주화운동의 시작이고 앞서 있었던 2.28 민
주화운동, 4.11 민주항쟁이 그 시발점인줄 알았더니 강

화도가 더 먼저였던 모양이다. 역사적 현장에 있다는 마음에 설레어 최초의 민주화운동에 대해 더 알고 싶었지만 굴뚝과 비문 말고 다른 기록은 없었다. 근처에 강화직물산업의 역사를 보여준다는 소창체험관과 아직 남아 있는 조양방직에도 가 보았지만 심도직물 굴뚝 터가 어떻게 '최초 민주화운동 시발점'이 되었는지에 대한 정보를 알 수는 없었다.

소창은 목화솜에서 뽑아낸 실을 이용해 만든 23수 면직물이다. 일회용 기저귀가 나오기 전에 사용한 천 기저귀가 소창으로 만든 것이다. 소창체험관은 강화도 직물산업의 역사를 한 눈에 보고 소창을 이용한 체험을 할 수 있다. 1956년에 설립되었던 평화직물을 매입하여 리모델링 해 2017년 12월에 개관했다.

조양방직은 1933년 강화도 지주인 홍재묵·재용 형제가 민족자본으로 처음 설립한 방직공장이다. 조양방직이 생기면서 강화도에 처음 전기와 전화시설이 들어왔다. 10년 후 경영이 어려워져 다른 사람에게 경영권이 넘어갔고 1958년에 문을 닫았다. 단무지공장, 젓갈공장으로 사용하다 폐허 상태인 것을 2017년

보수공사를 거쳐 카페로 만들었는데 강화 관광의

핫 플레이스다. 회색 시멘트 외부는 그대로 두고

방직기계가 있던 작업대를 커피테이블로 사용하고

지붕 트러스트마다 푸른색 창을 내어 실내의 전체적인

색의 조화를 아름답게 만든다.

강화도에서는 1960년대 초반 약 25개 사업장에 5,000여 명의
여성노동자들이 직물산업에 종사하였다.

집으로 돌아와 관련 자료들을 찾았다. [가톨릭신문]

2015년 5월 10일자에 '강화 심도직물 사건'을 기념하는

조형물을 세웠는데 그 모양이 여성노동자가 씨앗을 날

리는 모습과 십자가를 상징적으로 표현했으며 인천교구

노동사목부가 주관하고 교구 사제단과 가톨릭노동청년

회·장년회 회원과 심도직물 노동자 출신 신자 등 150여

조양방직

명이 참석했다는 기사가 실려 있었다. 조형물 아래에는 '이곳은 1968년 산업화의 그늘에서 고통 당하던 심도직물 등 노동자들의 권익을 위해 한국 천주교회와 가톨릭 노동청년회가 그 첫 발을 내딛던 곳입니다.'라는 내용의 비문을 세우고 당시 가톨릭노동청년회(JOC) 회원으로 심도직물에서 일했던 루치아의 인터뷰도 있었다.

조형물의 크기가 작아 미처 보지 못했던 모양이다. 다시 가서 살폈지만 조형물도 비문도 없었다. 놓친 것이 아니었다. 2015년에 세웠지만 항의가 많아 철거를 당했다. 무슨 항의가 누구에게 어떻게 들어간 것일까? 조형물을 세울 수 있는 근거는 무엇이고 없애는 근거는 무엇일까? 무엇보다 노동운동을 왜 민주화운동으로 바꿔 썼는가! 심도직물 터에 대해 알아보지 않을 수 없었다. 어렵게 가톨릭노동청년회 역사에서 그 기록을 찾았다.

강화도에는 일제강점기인 1922년 직물조합이 설립되었고 1931년에는 강화산업조합이 결성되었다. 강화도의 직물산업은 전통적으로 가내수공업의 형태로 형성되었는데 특히 일제강점기 만주사변 등 전쟁 물자를 보급하기 위해 직물산업이 장려되고 지원되어 발전된 것으로 보인다. 해방 이후 1947년 강화 직물공장 중 최대 규모인 심도직물이 설립된 후 1950년대와 1960년대를 거치면서 공장 수는 꾸준히 증가해 1960년대 초반에는 약 25개 사업장에 노동자의 수가 5,000여 명이 되었다. 대개는 초·중학교를 졸업한 15세 내외의 어린 여공들이었다(전국인구조사보고서 1966 경제기획원). 고용주와 노동자의 관계는 전근대적이었고 여공들은 12시간, 24시간씩 열악한 환경에서 퇴직금도 없이 일했다. 천주교 강화성당의 메리놀 신부가 1965년 강화성당에 부임해 어린 여성노동자의 고단한 삶을 본 후 노동청년회를 결성했다. 그가 미국 메리놀 본부에 보낸 편지에 당시 여공의 상황이 잘 나타난다.

'이 어린 소녀들을 돌보아 주는 이는 아무도 없는 것

같다. 그들은 코피를 흘리는 일이 잦고 끊임없이 기침을 해대며 몸무게도 자꾸 줄어든다. 얼굴은 마치 도버해협의 깎아지른 벼랑처럼 보일 때도 있고 기계 위에 정신을 잃고 쓰러지는 일도 다반사다. 그 아이들이 집에 돈을 벌어주기 때문인지 부모들도 그런 것에 별로 신경을 쓰지 않는 듯하다.' (출처: 미카엘모임 전 미카엘 신부 추모집 대구제일기획 1997)

가톨릭노동청년회는 전국노동청년회 본부의 지원을 받아 노동 교육뿐만 아니라 매월 문화 강습회를 열었다. 강화지역 직물공장 노동자들은 가톨릭노동청년회가 매월 여는 다양한 강습회(음식 만들기, 레크리에이션, 포크댄스 등)에 참여하며 동료애와 정체성을 형성해갔다. 가톨릭청년노동회 회원 중에 심도직물 노동자들이 40명으로 제일 많았다. 이들은 조합을 설립하고자 섬유노조의 교육지원을 의뢰하고 설립 준비에 들어가 조합원 가입동의서를 받아 3개월의 준비 후에 노조를 설립했다. 기업주들이 노조 설립에 반대해 결성식을 할 수 없게 되자 수녀원에서 일반인은 들어 갈 수 없는 강화성당의 그리스도왕 병원 이층 수녀원을 개방해 조합원 110여 명이 참여해 결성식을 했다. 그러나 회사는 노조를 해체시키기 위해 근무시간에 1명씩 불러내어 탈퇴원서에 날인할 것을 강요했다. 또한 인사 이동을 부당하게 해 근무지를 변경시켰다. 결국 조합원의 수에서 30여 명이 줄었다. 노조는 합법적으로 설립된 노조에 대한 탄압 상황을 노총에 보고했고 구제신청소송을 제기한 뒤 경기도 근로감독실에 형사고발했다.

노사 갈등이 첨예하게 대립되는 가운데 심도직물 소유주 김재소가 7대 국회의원선거에 당선되었다. 경찰의 공권력이 노조를 압박하자 가톨릭 청년 노동자들은 가톨릭노동청년회 전국 교구 지도신부연구회를 강화에서 개최하여 심도직물 노조를 지원하고자 했다. 7월 4일 3일간 열린 연구회에 김수환 주교가 참석했다. 기독교 전체(가톨릭 개신교 산업선교) 성직자뿐만 아니라 해외에서도 참석했다.

가톨릭 교회의 언내와 지지에도 불구하고 회사는 분회장에게 휴직처분을 내리고 노조에 가입하지 않았던 박부양 씨를 분회장으로 선출하도록 강요했다. 또한 미가입자를 대상으로 조합원을 확대 가입시켜 조합원의 수가 900여 명이 되었다. 그런데 조합원의 숫자만 많고 형식적이었던 노조가 새로 뽑힌 박부양 분회장으로 인해 커다란 힘을 지닌 실질적인 노조로 변했다. 회사가 내세운 이름뿐인 분회장에 당선되었던 박부양은 가톨릭노동청년회원들의 성실하고 헌신적인 모습을 직접 경험한 후 회사의 노조 탄압을 거부하고 대항하기로 했다. 침체되었던 노조가 다시 활발하게 움직이자 11월 4일 노조 설립 이후 처음 단체협약이 체결되었다. 마침내 8시간 노동제와 퇴직금 지급이 이루어졌다. 그러나 회사는 단체협약 체결 후 박부양을 회유하고 협박, 감금을 시도하다 결국 결근을 이유로 해고했다. 조합원들이 이에 대해 집단행동을 하고자 심도직물 정문 건너편 '사랑의 집'에 집회 허가 신청을 했는데 200여 명의 조합원이 참가해 장소가 좁아 몇몇이 바깥에 있게 되자 신고 장소 외에서 집회를 했다는 이유로 해산명령을 내렸고 집회를 강행한 조합원 4명을 경찰서로 연행했다.

　성당이 도와 장소를 제공하여 해고 반대 시위와 규탄대회가 연달아 열리자 심도직물 사장 김재기와 윤조영 강화경찰서장 정보계장이 신문기자 2명을 데리고 성당에 가 신부를 협박했다. 2시간에 걸쳐 신부를 공산주의자로 몰아 협박하는 장면을 신부의 비서가 녹음해 세상에 알렸다. 세상의 관심이 높아짐에도 불구하고 회사의 탄압은 더 강력해졌다. 경찰에게 가톨릭노동청년회 회원 명단을 제공하고 경찰은 7일 동안 약 30여 명의 조합원을 불러들여 조사를 했다. 명동 천주교회에서 펴낸 [한국 가톨릭 인권운동사](1984, 51쪽)를 보면 불법연행이 매일 계속되어 강화읍은 계엄령이 내린 도시 같았다고 했다. 심도직물은 '천주교 미카엘 신부의 끈덕지고 부당한 간섭으로 회사의 운영관리가 마비되어 무기 휴업한다.' 는 알림을 붙였다. 직물협회 사업주들은 심도직물 노조 설립 이후 두 번째로 큰 상호직물에서도 노조가 결성되자 불안감에 휩싸였다. 이화직물의 노조가 결성되려 하자 직원 중 가톨릭노동청년회 회원들을 모두 해고했다.

21개 강화직물업자협의회가 '천주교 신자 고용 거부'를 결의하자 강화직물협회와 가톨릭 교회는 전면적인 충돌과 갈등 국면으로 돌입했다. 회사는 신부가 사과를 했다는 거짓 내용을 알리고 조합원들에게 각서와 시말서를 받은 후 4일만에 다시 공장문을 열었다. 가톨릭 전국본부는 조사단을 파견하여 진상을 파악한 후 강화직물협회의 신자 노동자 고용 거부는 누구나 일할 수 있는 노동자 권리를 박탈하는 것이며 종교의 자유를 침해하는 것으로 규정하여 '강화도 천주교 신자 고용 거부 사건에 관한 성명서'를 조선일보와 한국일보에 발표했다. 김수환 주교를 비롯해 각 교구의 신부와 대표 등이 모여 대책을 논의하고 한국천주교 주교단에 올리는 호소문을 통해 교회의 적극적 개입을 요청하고 전국적인 모금운동을 벌였다. 김수환 주교는 강화성당을 방문해 해고 노동자들의 현황을 보고 받고 격려했다.

사건이 장기화되자 한국 천주교는 전 세계의 가톨릭 언론과 교황청에 '사회정의와 노동자 권익 옹호를 위한 성명서'를 발표했다. 국제적 이슈가 되자 당황한 강화직물협회는 가톨릭 교계와의 원만한 타결을 자신들도 바라지만 해고자 문제는 사건 계류 중이니 판정을 기다리겠다는 해명서를 발표했다. 수습대책위는 해고노동자 구제와 가톨릭 노동자 청년 활동 및 노조활동 보장, 성직자에 대한 명예회복을 촉구했으나 해고자들은 다시 현장으로 돌아가지 못했다.

심도직물 노조를 결성하고 투쟁을 하던 중에 상호직물과 이화직물 역시 노조를 결성했다. 그러나 두 작업장 모두 심도에 비하여 작은 곳이었고 파급력이 매우 낮았다. 상호직물 13명, 이화직물 2명도 해고되었다. 회사의 탄압과 경찰의 감시와 폭력에는 빨갱이라는 선동이 있었다. 어린 여공들이 혈서를 쓰고 생사를 걸고 단식투쟁도 했으나 36명이 또 해고되었다. 심도직물과 상호직물의 대량해고로 노조는 붕괴되고 2년 9개월간의 노동운동은 끝이 났다.

강화직물 노조사건은 국가주도로 산업화가 본격적으로 시작되던 1960년대 한국 사회에서 노동기본권의 확보를 위해 강화의 직물산업 노동자들이 노동문제에 대한 교류, 교육, 공동대처 등을 통해 연대의식을 가지며 노동자로서의 정체성을 확립하며 인권을 지키고자 투쟁을 한 최초의 사건이다. 1960년대 노동운동의 신호등 역할을 했다. 반공 이데올로기가 상대적으로 자유로웠던 가톨릭 교회의 지원이 큰 영향을 미쳤으며 가톨릭노동청년회가 1970, 1980년대 노동운동의 전면에 등장하는 계기가 되었다. 또 한편으로 반공 이데올로기에 기초해 노동운동을 해결하려는 한국 노동정책의 본질적인 모습이 드러나기도 한 사건이었다.

이제 심도직물 터 비문의 미스터리한 문장들을 이해할 수 있었다. 최대 규모였던 심도직물은 자랑스럽게 말하고 싶고 노동운동은 싫지만 '최초'는 살리고 싶어 노동 대신 민주화운동으로 바꾸고 공장 굴뚝은 괜찮지만 노동자들이 자신들의 권익을 위해 싸웠음을 상징하는 조형물은 없어져야 했다.

기록을 이야기하려 할 때 슬픈 기운이 바닥에서부터 올라온다. 기록이 시간과의 싸움에서 패배하는 운명이어서 쓸쓸한 것이 아니다. 기록이 자꾸 권력자의 이야기를 하기 때문이다. 민주주의 시대를 살고 있음에도 역사교과서는 초·중·고등학교 내내 왕조를 중심으로 서술하고 조선 왕들의 삶의 흔적들을 기념하는 공간들은 현존하는 건물들을 없애고도 복원을 한다. 지배층의 기록은 이렇게 잘 보존되어 기념되어지는데 왜 노동의 역사와 문화는 다른 이름으로 변경되어 불리우거나 없어져야 하는지 모르겠다. 십도직물 굴뚝 터 인근의 소창체험관에서도 강화직물 역사를 말하지만 그 직물 역사의 본질인 직물노동의 가치와 노동자의 역사는 이야기하지 않고 또 새롭게 리모델링해서 인기 있는 카페가 된 조양방직도 강화 직물의 역사를 자랑스러워 하면서도 그 일을 한 노동자의 삶은 말하지 않는다. 기념되지 않는 노동은 소외되거나 왜곡되거나 꾸며지거나 방치되다가 시간과의 싸움에서 소멸한다.

우리나라에는 박물관이 대략 873개 있다(출처: 문화체

육관광부 「전국 문화기반시설 총람」 2018년 12월). 공예 박물관, 짚 박물관, 만화 박물관, 광물 박물관, 실연 박물관 등 종류도 다양하다. 그런데 노동 박물관 혹은 노동 역사 박물관은 없다(노동자 역사 연구 [한내]가 최초로 노동자 역사 박물관을 건립하고자 재원을 모으는 중이다). 있지도 않으니 독일 함부르크 노동 박물관, 덴마크 노동 박물관, 스웨덴 노르셰핑 노동 박물관, 핀란드 팜페레 노동 박물관처럼 이미 세계적 명소가 된 박물관들과 비교할 수도 없다. 다만 현대 최초 노동운동의 역사적 현장에서 찾지 못한 기록을 한국 가톨릭 인권운동사에서 읽으며 당시 심도직물에서 일을 했던 여성노동자들의 삶이 용흥궁과 강화성당과 나란하지 못함을 슬퍼한다.

일제강점기 강화도 갑부였던 홍재묵·재용 형제가 1933년 최초의 민간자본으로
설립한 조양방직은 2017년 보수공사를 한 뒤 지금의 카페로 전환되었다.

카페 '조양방직' 내에 장식품처럼 전시된 여성노동자들의 사진

그리고,
남겨진 이야기

#소설의 언어와 기록의 언어

    도서관의 자료는 0번 총류부터 9번 역사까지 모두 번호가 매겨져 있는데 8번이 소설이고 9번이 역사다. 허구의 이야기인 소설이 사실의 이야기인 역사보다 앞에 있다. 소설은 소소한 거짓이고 역사는 거대한 거짓이어서일까?

    역사는 수많은 사실을 탈락시키고 맥락에 따라 재구성된다. 그러나 인간은 어떠한 맥락을 형성하고자 살아가는 것이 아니다. 또한 기억이 기록이 되고 기록은 역사가 되지만 기록의 기반인 기억이 모두 사실은 아니다. 기억은 유동적이며 언제나 현재로부터 출발한다. 내가 서 있는 곳에서 과거를 불러온다. 어떤 지점에 어떤 상황에 누구와 더불어 있는가에 따라 기억은 다르게 소환되어 서술된다.

    또한 처음 기억이 생성될 때부터 사실을 그대로 기억하기보다 당시의 위치, 감정, 당위성 이런 것들이 결합되어 저마다 조금씩 다르게 각색되어 기억한다. 처음부터 허구가 가미되어 저장되며 어떤 계기들로 다른 기억들은 탈락되고 특정의 기억들이 부각되며 색채를 입기도 하고 엉뚱한 기억들과 결합하여 새로운 서사를 형성하기도 한다.

역사로 채택된 사실만으로는 우리네 삶을 충분히 말하지 못한다. 충분하다는 것은 이제 그것에 대해 더 이상 말하지 않아도 논란이 되지 않는 자명한 사실이다. 다양한 방법으로 낯선 형식으로 저마다의 기억이 진실이 될 때까지 이야기하는데 충분한 시간이란 없으므로 소설은 언제나 역사 앞에 있을 것이다.

쓰고 싶은 이야기와 쓰여지지 않은 이야기 사이에 존재하는 것들

도서관에서 할아버지, 할머니들과 '자서전 쓰기'를 한 적이 있었다. 글을 쓰기 전에는 책으로 출간하는 일에 동의했었지만 글을 마친 후에는 모두 약속이나 한 것처럼 출간하지 않기로 했다. 내용을 읽은 자녀들이 출간을 꺼려했다고 했다. 자신들의 배우자가 알지 못했던 일들도 쓰여 있었고 그런 것들을 굳이 알리고 싶지 않다고 했다. 또 쓰여진 내용들 중에 사실이 아닌, 엄마 아버지의 착각이거나 오해한 부분들도 있는데 그런 것들을 수정하고 싶기도 했고 그런 것들이 사실처럼 출간되면 사람들은 그것을 믿을 것이며 그것이 사실로 확정될 것이라 걱정했다. 그러니 출간은 없었던 일이 되어야 했다. 쓰고 싶은 이야기와 쓰여지고 싶지 않은 이야기 그 즈음에 우리네 삶이 존재한다.

젊은 시절, 사랑했지만 이해하지 못했던 거의 모든 사람들이 세상을 떠나고 없을 때 뉴먼은 그들에 관한 '진실이 담긴, 실제 있었던 이야기'를 쓰기로 한다.

아버지는 플라이낚시가 '열 시에서 두 시 방향 사이에 네 박자 리듬을 살려서 날리는 예술'이며 종교와 낚시의 경계를 두지 않는 장로교 목사였다. 두 아들에게 아내의 피아노 메트로놈(박자를 세는 기계)으로 네 박자 캐스팅(낚시 할 때 낚싯대를 물에 던지는 것)을 가르쳤다. 같이 아버지로부터 낚시를 배웠고 낚시를 좋아했지만 동생은 그 어떤 것보다 낚시를 삶의 가장 중요한 기준점으로 삼았다.

동생은 일 때문에 낚시에 방해 받지 않아야 하고 언제라도 강으로 달려 갈 수 있는 그런 일을 하겠노라고 아주 어렸을 때부터 결정했다. 뉴먼은 영문학을 전공하고 대학에 자리를 잡았고 동생은 내기 카드의 단골손님이자, 지역신문의 기자가 되었다. 한 부모 밑에서 나고 자랐으나 전혀 다른 길을 걸어간 두 사람이 서로의 분기점을 넘나드는 유일한 지점은 '블랙풋강에서 함께 하는 낚시'였다.

소설은 뉴먼의 자서전적 이야기지만 있었던 일들의 실제 기록은 아니다. 자서전이 아니고 자서전적 소설이다. 허구가 어느 부분에 들어와 있는지 작가가 글의 주인공인지 조연인지 독자로서는 알기 어렵다. 자서전은 자서전적 소설과는 또 다른 방향에서 있는 그대로의 사실을 담는 건 아니다. 내 경험의 회상이며, 신문이나 TV, 교과서, 그 밖의 여러 책을 통해 획득한 간접 정보나 친구, 부모, 같은 회사 사람들이 들려주어서 기억하는, 간접적인 이야기들보다는 직접적인 이야기이지만 우리는 실제 있었던 일 그대로 기억하지 않는다. 과거의 기억은 저마다 다른 방향으로 질주한다. 또한 현재 시간과도 다르게 흐른다. 그러니 이 소설도 노먼과 그 가족들에게 일어났던 일들의 순차적 배열이 아니다. 낚시를 중심으로 한 기억의 재구성이다. 회상하는 시점에 따라 사건들은 뒤죽박죽 이리저리 섞여 들어갔을 것이다. 누구도 아닌 노먼의 마음이 실제의 일들을 이리저리 흔들어 놓아 아버지와 동생이 낚시를 함께 했던 기억이 다른 일들보다 선명하고 굵고 강렬하게 자리를 잡고 있다.

뉴먼의 기억으로 폴은 아주 아주 어렸을 때부터 유독 내기를 좋아했고 '꼬마 동생'이었던 적이 한 번도 없을 만큼 자신에게 기대는 법이 없었다. 당연히 형의 충고나 경제적 지원이나 도움도 바라지 않았다. 뉴먼은 동생의 존재를 그 어떤 사람보다 강렬하게 의식했지만 그를 온전히 이해하지 못하는 것을 부끄럽게 생각했다. 형이 동생을 이렇게 기억하는 이유는 그가 아주 일찍 죽었기 때문이다.

뉴먼은 폴이 왜 죽었는지, 어떻게 그런 일들이 일어

났는지 명확하게 언급하지 않는다. 전에 한번 낚시를 가기 전에 경찰서에서 만취한 폴을 데려가란 연락을 받은 적이 있었다. 인디언 혼혈 여자친구와 야식을 먹으러 식당에 들어갔다가 손님 중 한 명이 그녀를 보고 야유를 했고 폴은 그것을 그냥 두고 보지 않았다. 손님을 때려 이를 두 개 부러뜨렸고 식당 식탁이 부서졌다. 동생의 여자친구는 "그 놈을 아주 죽여놨어야 했다."고 했지만 경찰은 폴이 너무 많은 술을 마셨고 아주 큰 도박 사건에 연루되어 있다고 했다. 그곳 도박장은 폴이나 뉴먼 같은 사람은 상상하기도 어려울 만큼 있을 수 있는 모든 일이 일어나는 곳이며 폴처럼 술을 많이 마셨다가는 뜻밖의 일에 대처하지 못할 수도 있으니 빠져 나오도록 권유하라고 했다.

뉴먼은 아버지와 함께 했던, 폴의 마지막 낚시에 대해서는 상세하고 풍부하게 그림을 그리듯 묘사하지만 폴의 죽음에 대해서만큼은 아주 간단한 인과관계조차도 말하지 않는다. 뉴먼은 폴이 거센 강물 속에서 리듬을 타듯 캐스팅 하는 장면을 '화학적 현상액으로 고착시킨 것'처럼 기억한다. 햇살이 쏟아지는 물속에서 환하게 웃고 있던 폴.

기억은 잊어버림과 상관관계가 있다. 어떤 장면들은 그 시간에 일어날 수가 없고 어떤 사람들은 그곳에 있었을 리가 없다. 유년 시절의 기억이 외부의 증거와 항상 일치하지 않는 이유다. 기억의 편집이 일어나는데 회피하는 기억들은 무덤처럼 조용히 남아 있기를 원했기 때문이다. 반면에 말하고 싶은 기억도 있다. 그것이 진짜 이야기라고 믿고 싶기 때문이다.

초등학교 입학 전의 일이다. 남동생 아래로 또 동생을 임신한 엄마는 늦게 중절수술을 감행해 과다출혈로 오랫동안 병원에 입원했고 아버지는 나를 외할아버지 댁에 보냈다. 친한 사촌들이 많은 큰 집도 아니고 외할아버지가 재혼을 하셔서 내 또래의 외삼촌과 이모들이 셋이나 있는 곳으로 오빠도 아니고 남동생도 아닌 나를 보내셨다. 몇 밤 지나면 데리러 올 듯 하더니 여름날에 왔는데 가을이 되어도 아버지는 오지 않으셨다.

외할아버지 댁에는 커다란 감나무가 세 그루 있었는데 외할아버지는 덜 익은 감이 떨어지면 항아리에 소금을 넣고 묻으셨다. 그 초록색 감이 익어 한 개씩 빼먹다 항아리가 텅 비어도 아버지가 오지 않았다. 어린 외삼촌과 이모들은 작당을 해서 나를 골려먹었다. 아카시아 이

파리로 머리를 땋아준다고 하고는 아주 세게 머리카락을 잡아 당긴다거나 덜 익은 감을 맛있다고 속여 떫은 채로 베어 물도록 하거나 댓돌에 내려 앉아 신발을 신으려고 엉덩이를 올리면 슬쩍 밀어 아래로 떨어트린다거나 이웃 마을 개울가에 놀러 가자고 하고는 낯선 곳에 나를 두고 저들끼리 가버렸다. 뒷배가 없었으므로 장난이 죄다 구박이나 놀림이 되었다.

다른 어떤 나무들보다 단풍이 감나무에 일찍 든다는 것을 어린 나이에 알았다. 쩍쩍 갈라지는 가지에 달린 초록 이파리들은 점처럼 붉어졌다가 곧장 떨어졌다. 감은 이파리가 모두 떨어지면 무섭도록 빠르게 익는다. 서리가 내리고 까치밥으로 겨우 두 서너 개의 감마저 쪼그라든 날 아버지는 오셨다. 그렇게 오래 기다렸으면서도 높은 대청마루에 앉아서 마당에 들어서는 아버지를 한참을 그냥 쳐다만 보았다. 이 장면은 화살처럼 가슴속에 박혔다가 강력한 화학작용을 일으키며 화석처럼 굳어졌다. 단풍 드는 가을날에는 감나무를 쳐다보는 기운이 슬프다.

세월이 한참 흐른 뒤 외할아버지께서 돌아가셔서 친척들이 모두 모였을 때 아버지에게 왜 그때 "나였느냐?"며 엄마 병간호를 하는데 손이 많이 가는 동생도 아니고 혼자 떨어질 만한 나이의 오빠도 아닌 '나'였느냐는 사실을 따져 물었다. 아버지는 내가 너무나 세세하게 거의 이십 년 전, 리모델링하기 전의 외할아버지 집을 기억하는 일에 화들짝 놀라셨다. 하지만 나는 다른 일에 당황했다. 아버지가 나를 보낸 것이 아니라 큰 외삼촌을 내가 따라갔다는 사실이었다. 또 그때 엄마가 아팠던 것이 아니고 그건 그보다 더 전의 일이었다. 할아버지네 감나무가 세 그루였던 것도, 항아리의 위치도 댓돌아래로 떨어져 이마를 다친 일도 아버지가 한 계절을 훌쩍 넘기고 데리러 갔던 것은 맞았지만 아버지가 보냈던 것도 엄마가 아파서도 아니었다. 그런데 나는 이쪽저쪽의 일들을 가져와 사건의 인과관계를 재구성한 상태의 기억을 갖고 있었다.

소설 [흐르는 강물처럼]에서 뉴먼은 우리가 이렇게 과거를 재구성한 기억을 지니는 이유를 함께 살았고 사랑했지만 우리를 떠나간 사람을 이해하기 위해서라고 말한다. 내기 도박, 혼혈 인디언 여성과의 사랑, 술 등 경계를 넘나드는 위태위태한 삶을 살았던 폴은 오른 손목뼈가 부러진 채 시체로 발견되었다. 뉴먼의 아버지는 '도움이란, 도움이 절실하게 필요하고 또 기꺼이 받아들이려는 사람에게 나의 일부를 주는 것인데, 우리의 어떤 부분을 줘야 할 지 모르고 어떤 부분은 주고 싶지 않을 때도 있고, 정말 절실히 필요한 그 부분을 상대방이 원하지 않을 때가 많다'며 절망했다. 어떤 시기를 놓쳤는지, 무엇을 이해하지 못했는지 알기 위해 죽음의 진실을 알고자 하지만 큰 아들은 폴이 다만 훌륭한 낚시꾼이었다고 말할 뿐이었다. 아들은 완전히 이해할 수 없어도 온전히 사랑할 수 있다고 아버지를 위로한다.

"수많은 플라이 낚시꾼들이 그렇듯, 나는 종종 서늘한 밤이 이슥해서야 낚시를 시작하기도 한다. 그럴 때면 깊은 협곡을 채우는 북극의 박명 속에서 모든 존재가 하나로 녹아드는 걸 느낄 수 있다. 나의 영혼과 추억과 빅 프랙풋 강의 소리들과 네 박자 리듬 그리고 물고기가 튀어 오를 거라는 희망은 하나가 된다. 결국 모든 것들은 하나로 융합되고, 그리고 강은 그 위로 흘러간다. 강물은 대홍수가 만들어낸 강줄기를 따라 시간의 기저에서부터 있어온 바위 위를 흘러간다. 어떤 바위에는 시작도 끝도 가늠할 수 없는 빗방울이 닿는다. 바위 밑에는 말씀이 있고, 말씀의 일부는 그들의 것이다. 나는 물속에 넋을 잃는다."

– 흐르는 강물처럼/노먼 매클린/이종인 옮김/연암서가/209쪽

기억은 원래의 목적, 그러니깐 있었던 일을 그대로 간직하는 것과는 다른 더 중차대한 목적을 지닌다. 그렇지 않다면야 쓸데없이 어떤 기억들은 강화되고 어떤 기억들은 소멸되며 어떤 기억들은 아주 강렬하면서도 느리게 재방영될 리가 없다. 회한, 추억, 경외, 이해, 공감이 하나의 강을 이루며 어떤 곳은 커다란 웅덩이를 만들어 오랫동안 햇살을 비추고 어떤 곳은 쏜살같이 달려 조금도 지체 없이 흘러가도록 마음이 우리의 모든 과거를 이리저리 휘저어 속도를 조절하는 것임에 틀림이 없다. 내가 사랑했던 사람들이 어떤 사람이었는지 알려주기 위하여 나는 또 어떤 사람이며 또 어떤 사람이 되고 싶은지를 희망하게 만들고자. 모든 사람을, 모든 사랑을 가슴에 떠 안고 살아 갈 수는 없다. 그 사람을 떠나 보내기 위해, 그래야 또 누군가를 완전히 이해할 수는 없어도 온전히 사랑할 수 있을 것이므로 우리는 기억을 왜곡하고 재구성하고 편집하며 새로운 사람을 만들어낸다. 모두가 떠나고 그 기억마저 사라지면 강물이 흘러가듯, 근심도 잊힐 것이다.

닫는 말

기록, 그 담대한 연결

연결되지 못한 인간의 소멸

어떤 곳에도, 어떤 사람에게도, 어떤 시간에도 연결되지 못하는 인간은 소멸한다. 미야모토 테루의 소설 [환상의 빛](고레에다 히로카즈 감독이 소설을 바탕으로 동명의 영화를 만들었다)에서 젊은 아내, 유미코는 아기를 출산한 지 3개월이 되던 때, 남편을 잃었다. 아기가 3개월이면 아빠들은 없던 힘도 내는 때라고 하는데 자전거 페인트 칠을 같이 하고 가끔 동네 커피숍에서 나란히 앉아 커피를 마시던 남편이 느닷없이 철길에서 기차를 피하지 않고 계속 걸었다. 멍하니 별말 없이 다른 곳을 응시하곤 했지만, 그것이 그만 살겠다는 징조처럼 보이진 않았다.

유미코는 어렸을 때 고향으로 가겠다고 무작정 길을 떠난 후 영원히 사라져버린 할머니 이야기를 남편에게 자주 했다. 할머니가 떠나던 날 그때 더 붙잡지 못했던 것을 후회하고 '왜 떠났을까?'라고 거듭 묻는 말에 남편은 별 반응을 보이지 않았다. 시간이 흘러 아이가 학교에 들어갈 나이 즈음에 아랫집 양복점 부부가 소개한 자신과 처지가 비슷한 남자랑 재혼하고 바다마을에서 그의 딸과 아버지와 함께 살기로 한다. 아이 둘도 금세 친해져 잘 지내고 다섯 사람은 더운 여름날 마루에서 수박을 같이 먹는다. 가족이 되었다.

겨울이 되고 바닷바람이 몹시 거칠던 날 동네 할머니가 바다로 나갔다가 돌아오지 않았다. 아내는 드러내지는 않았지만 잠을 이루지 못한 채 걱정하는데 남편은 아내의 불안을 감지했다. '그 분은 불사신이야, 두고 봐 꼭 돌아올 테니 너무 걱정하지 마.'라며 다독였다. 다음 날 새벽 할머니는 무사히 돌아왔다. 이 사건 후에 아내는 남동생의 결혼식에 참석하려고 친정에 갔다가 옛날 신혼집에 가 보았다. 함께 가던 카페 주인이 남편이 죽던 날 그곳에 들러 커피를 마셨다고 했다. 볼일을 마친 후 집 가까운 곳에 왔다가 다시 먼 기찻길로 왜 갔을까?

신혼집에 다녀 온 후부터 유미코는 느닷없이 죽어버린 남편이 계속 생각나 하루하루 견디기가 힘이 들었다. 떠나버릴까 생각하며 버스정류장에서 한참을 있다가 장례 행렬을 따라 바닷가를 걷는다. 해가 저물고 아내를 찾아 온 남편을 향해 '도대체 왜 그가 떠났는지를 생각하면 살아갈 수가 없다'고 절규했다. 남편은 조용히 말을 잇는다. 옛날 자신의 아버지가 배를 타고 바다로 나갔다가 환상의 빛을 보았는데 너무나 아름다워 자꾸 그 안으로 끌려들어가고 싶기만 했다고, 그런데 정신을 차리고 보니 아무것도 아니었다고 그래서 다시 돌아왔다고, 특별한 이유가 있었다기보다 그런 것들에 끌려 무심히 그 안으로 들어갈 수도 있다고 말이다.

전 남편과 달리 재혼한 남편은 아내의 행동에 반응을 보였다. 기차에 뛰어들었던 남편은 도통 반응이 없었다. 좋은 일에도 나쁜 일에도 무언가 다른 세상이 있는 듯, 보는 듯 느껴졌다. 이쪽이 아닌 저쪽을 응시하는 눈빛!

유미코는 6학년 때 남편을 만났다. 골목에서 같이 자랐고 중학교까지 다녔다. 남편은 공부를 꽤 잘했지만 의붓아버지 밑에서 스스로 진학을 중단했다. 스물다섯에 늙은 얼굴을 지녔다. 나사제작공장에 다녔지만 하청의 하청이라 급료도 한심할 정도로 작았다. 차비를 아끼려고 장만했던 자전거를 잃어버린 날, 거래처에 새로 들어온 스모선수가 되고 싶었지만 가망이 없어 트럭 조수 일을 시작한 서른이 넘은 사내 이야기를 아내에게 했다. 스모선수 시절의 상투를 계속 하고 있는 것을 보면 견딜 수가 없다고. 그때 남편의 왼쪽 눈이 바깥으로 쏠렸다. 자전거를 잃어버리고 스모선수의 상투이야기를 하던 날, 왼쪽 눈은 뜨끔할 정도로 바깥쪽을 향했다. 중학교 밖에 졸업하지 않았고 주변머리도 없어 평생 부자가 되기는 글렀다고 넋두리를 했다. 아내 유미코가 '그래도 어린 시절과 비교하면 결혼 후 훨씬 행복해졌다.'고 하자 그는 아내와 마주한 채 가능성을, 희망을 이야기하는 대신, 돌아누웠다. 열흘 후 그는 기차에 치어 죽었다. 유미코의 남편은 자전거를 잃어버리고 잘 사는 동네에 가서 자전거를 훔친 날, 무너졌다. 오롯이 홀로 삶을 책임져야 했던 그는 함께 살아가는 이와도 삶의 연결고리를 만들지 못하고, 자신의 왼쪽 눈조차 오른쪽 눈과 개별적으로 존재하면서 세상을 향한 초점을 맞추지 못한 채 부유하다 소멸했다.

나 자신의 과거와 연결될 수 없기에

만약 우리가 시간을 되돌릴 수 있다면 어느 누구도 아닌 자신과 연결을 꾀할 것이다. 나의 과거, 혹은 미래와 말이다. 무엇이 잘못되었는지 어떤 끔찍한 일을 저질렀는지 성찰했던 시간만큼 미래를 재구성할 것이다. 내가 누구인지, 세상이 어떤 곳인지 무엇을 배워야 하는지 살아가는 동시에 사는 법을 배우므로 살아 보아야만 지금의 나를 구성하는 결정적인 사건이 무엇인지 알게 되므로 끊임없이 과거를 복기하며 되돌리고자 한다. 하지만 돌아갈 수 없다. 건너뜀 수도 없다. 시간 저 너머 과거에 축적이 있기 때문이다. 과거로 돌아갈 수 없으므로 다른 사람들의 삶을 살핀다.

박물관, 기록관, 문학관, 기념관을 만들고 과거 삶의 흔적인 기록을 보존하고 기억을 저장하여 기념하며 살피는 일은 인간이 이곳과 저곳에 동시에 있을 수 없을 뿐만 아니라 과거, 현재, 미래를 오고 갈 수 없으므로 멀리 있는 사람과 자신을 연결시키려는 시도다. 연결은 사물과 사물 또는 현상과 현상이 서로 이어지거나 관계를 맺는다는 말이다. 인간은 원자처럼 개별적으로 각각 존재하지만 '관계'를 통해 연결되고 자신의 존재를 비슷하게 봐 줄 대상의 범위를 확장한다.

실질적인 관계가 형성되도록 '연결'하려면 기록의 공간들은 사람을 어떻게 기억하면 좋은가? 경험을 독점적으로 소유하여 권력을 형성하고 또 유지하는데 활용하지 않고 '누구나'와 더불어 살아가는 공존이 보존, 전시되면 좋겠다. 이해당사자로부터 사건을 멀리 보냄으로써 더불어 함께 살아가는 데 정말 중요한 것이 무엇인지 선명하게 보여주면 좋겠다. 현재가 공존을 말하지 않기 때문에 과거의 기록과 기억을 보존하는 공간에서라도 가장 중요하지만 그저 당연하다고 도외시되었던 것들이 절실해지기를 희망한다.

좋은 여행은 냉소적이지 않다. 기록여행은 기꺼이 연대하는 수천만 명의 동시대 사람들을 발견하는 일이며 다른 사람의 기억이 명확하고 구체적인 이해관계에서 벗어나 근원적인 인간의 삶을 조망하도록 방향을 조금 돌려놓는다면 과거의 절멸과 현재의 공생 사이에서 여행자는 기꺼이 성장할 것이다.

낯선 길을 걸으며 기록을 읽는다

떠남은 장소에서 벗어나는 것만을 의미하지는 않는다. 타성에 젖은 생각이나 익숙한 것들과 이별을 고하는 여행이다. 길을 떠나면 함께 떠난 이로부터 삶을 배우고 낯선 곳에서 내가 어디에 서 있는지 무엇을 보아야 하는지 어디로부터 걸어왔는지 알게 된다. 그리고 계획에 없던 발견이 또 나를 한걸음 더 나아가게 한다.

여행길에서의 기록읽기는 목적이 없다. 현실에 곧바로 쓰임새가 있지는 않지만 이곳이 아닌 저곳을 궁금해하고, 사건의 이유와 결과를 추리하고 싶어하며, 끊임없이 다른 것을 상상하며 읽는다. 이 목적 없는 읽기가 나를 인간으로 만들어주며 삶에 만약을 허용한다. 다른 사람들의 이야기를 들으며 그 삶에 공감하고 연대하며, 그가 살았던 현실과 다른 결말을 꿈꾼다. 동시에 현실에서 어찌지 못하는 일들에 '그때와는 다른 결말'을 도모한다. 현실과 '다른 결말'이 얼마나 마땅하며 아름다운지 보여주고 싶은 열망이 솟는다. 결국 떠나든 머물든, 나를 얼마나 멀리 보낼 수 있는가의 문제다. 끊임없이 읽으며 문득 떠난다.

참고문헌

김영하『살인자의 기억법』문학동네, 2013

에릭 캔들『기억을 찾아서』알에이치코리아, 2014

니컬러스 에번스『아무도 모르는 사이에 죽다』글항아리, 2012

이미륵『압록강은 흐른다』살림, 2016

도미니크 풀로『박물관의 탄생』돌베개, 2014

김탁환『리심, 파리의 조선궁녀』민음사, 2017

박병선『1866, 프랑스가 조선을 침노하다』조율, 2013

오엔 겐자부로『오키나와 노트』삼천리, 2012

다카라 벤『오키나와 사람들의 한해살이』민속원, 2016

한중일공동역사편찬위원회『한중일 공동교과서 미래를 여는 역사』

한겨레출판사, 2012

요나하라 케이『슈리성 언덕으로 가는 길』사계절, 2018

노먼 매클린『흐르는 강물처럼』연암서가, 2014

김승옥『무진기행』민음사, 2007

송우혜『윤동주평전』서정시학, 2014

문영금 문명미 엮음『기린갑이와 고만녜의 꿈: 살아오는 북간도 독립

운동과 기독교 운동사』삼인, 2019

염상섭『삼대』문학과지성사, 2004

알라이다 아스만『기억의 공간』그린비, 2011

피에르 노라 등저『기억의 장소』나남, 2010

논문

『한상욱 60년대 강화 직물노조사건과 가톨릭 노동 청년회(JOC)』

인천대학교 인천학연구원, 2015

신문

『오키나와섬 미야코지마 아리랑비 : 성명서가 아니라 연구가 필요하

다』 한겨레, 2016

『가톨릭신문』 2015년 5월 10일 강화 심도 직물 사건